凡人可成佛

——菩萨五十二位阶讲记

释正严 讲述

序 菩萨大道行

释证严

　　修行修一念心，这念心就在一个"诚"字。中国古代大学问家，如宋代程朱等人提出"格物、致知、诚意、正心、修身、齐家、治国、平天下"，谈修身，先得要"诚意、正心"，可见"诚"字的重要。

　　修行，是帮助我们从凡夫到菩萨，由菩萨到成佛的过程。菩萨道艰困难行，假使一开头就缺乏诚意，又谈何排除万难、坚固愿力。因此，要修行，就从诚意正心开始。

　　《大乘理趣六波罗密多经》有言："诚者自成而道自导也。夫诚己于内，则不勉而中，不思而得；诚物于外，则不言而应，不为而成。其内者，证法之身；其外者，大悲之力。"

"诚"是人人本具的天真本性。佛教徒唱诵《炉香赞》时，"诚意方殷，诸佛现全身"，只要诚心殷切，诸佛菩萨都会不断现前，来指导我们、鼓励我们。学佛保持虔诚的心，向道前进不偏移，道路就不会脱离方寸。行道有方寸，守住分寸，道路自能导向正途，勇往直前不偏差。所以说"诚者自成而道自导也"。

"诚己于内，则不勉而中，不思而得"。若能将诚内化为自己的一部分，自然不必勉强自己，就能做得很正确；无论起心动念、举手动足，只要心念一起，无不发乎诚。

"诚物于外，则不言而应，不力而成"。对外以诚，则无论待人处事，因为诚信的人格建立了，所以不必高谈阔论、不必激烈煽动，自然一呼百应，云集景从，事情自然成就。

"其内者，证法之身；其外者，大悲之力"。对己时时以诚，即能证法证果。将所体会的法推广出去，入人群行菩萨道，能发挥慈悲愿力，为众生解除烦恼,帮助他们度过困难。

所以,学佛说来也不难,以一念最诚恳的爱心去付出,所得的是法喜充满。

现在我们就以一念诚意,进入菩萨的修行旅程。本书所讲述的是"菩萨五十二位阶",亦即"佛之六行",包含十信行、十住行、十行行、十回向行、十地行,以及等觉、妙觉,共是五十二种方法。

每一种方法好比一道阶梯,跨越这五十二道阶梯,一级一级向上攀登,能从扰攘不休的凡夫地,慢慢进入菩萨的境地;再由少分烦恼的菩萨,直到烦恼尽净的大菩萨。通过菩萨的层层考验,修行功圆时,即从菩萨的训练场,登堂入诸佛宫殿。佛佛手牵手,在不同的佛国,同样做着度化众生的志业。

然而,修行的道路上,总不会一帆风顺。如同月圆还有月缺时,光明的另一面也有黑暗。所以在"佛之六行"之外,根据经典所说,还有"外道六行"。这六道外行,一是自饿外道,二是投渊外道,

3

三是赴火外道，四是自坐外道，五是寂默外道，六是牛狗外道。且不说实际修行作为，单从字面上看，已令人感到惊异。

释迦佛时代的印度，有九十六种外道（编按：即其他宗教法门），部分是透过稀奇古怪的苦行求证悟。比如用饥饿、泡冰水、火烤、裸形、露天而坐、不说话，甚至学牛狗吃秽物维生等等方式，以为修苦行就可以去除业障，累积来世的福报。

佛陀最初修行时，也曾经历过苦行的生活，却只使自己饿得头昏眼花，身心痛苦不堪，还差点丧失性命。幸亏接受牧羊女的供养，才慢慢恢复体力。而后在菩提树下得道，并且以自己修行过程亲身的体悟教导众生，让众生走向正道，做一个大乘菩萨行者。

大乘行者，是自利利他、自觉觉他，希望人人都有机会达到觉行圆满的成佛境界。

在《大乘大集地藏十轮经》中定义："夫大乘者，受持第一清净律仪，修行第一微妙善行，具足第一坚固惭愧。深见深畏后世苦果,远离所有一切恶法,常乐修行一切善法,慈悲常遍一切有情,恒普为作利益安乐,救济度脱一切有情所有厄难生死众苦。不顾自身所有安乐,唯求安乐一切有情,如是名为住大乘者。"

欲修持大乘行,首先要"受持第一清净律仪"。大乘行者,内诚外行,内心具诚意,对外重诚信,以身作则,守持清净规戒仪轨。使得由内而外散发出来的气质,自然吸引人靠近,愿意和我们一起寻法求道。

再来是"修行第一微妙善行"。透彻了解各种细腻微妙的方法,知晓正确的道路。"具足一切坚固惭愧",常起坚固的道心,在人群中时时抱持惭愧的心念,才能缩小自己,愿意向人学习。

"深见深畏后世苦果"。菩萨畏因,罗汉畏果。千万不要认为是小事,因而将错就错,随意敷衍。须知见解有错要修正,事情做错要改过。常畏因果,才不会总是轻易原谅自己,实际上是放任自己造罪。

人与人之间的摩擦，往往起于一点小错。有时，说话稍不注意，虽然说者无心，但已令听的人受到伤害，如此即已种下因果，因此要深畏因果。

"远离所有一切恶法，常乐修行一切善法"。此即诸恶莫做，众善奉行。现在不造因，未来不受果，欢欢喜喜做一个乐于行善的人。假使过去不小心得罪了人，此刻赶紧将恶缘化解，如同债务还完了，彼此都清清爽爽，大家还是好朋友，更是好道侣。

"慈悲常遍一切有情，恒普为作利益安乐，救济度脱一切有情所有厄难生死众苦"。往内心不断培养慈悲，往外将爱心普遍分享给一切有情众生，心心念念都以求取众生最大的利益安乐为考量。怜悯天下一切众生，发愿救拔他们的苦难。物质欠缺者，济以医药食粮；心灵空虚者，给予肤慰陪伴，并将自己所知道的好的理念告诉他们，让他们自救，也能再去救人。

"不顾自身所有安乐,唯求安乐一切有情",但愿众生得离苦,不为己身求安乐。行菩萨道者不计较己身荣辱,只要看到别人幸福,自己也会觉得幸福,这样的人生最为充实有意义。"如是名为住大乘行者",这样的人即是大乘行者,稳健走过菩萨五十二道阶梯,步上成佛的大直道。

佛陀教育我们行大乘法,不离开"六行——菩萨五十二位阶"。佛与外道不过一线之隔,莫轻小恶而为之,莫轻小善而不为;该积极的我们要赶紧去做,因为生命有限量,所以要时时多用心!

记得二〇〇五年十月,巴基斯坦发生大地震,几十秒钟天摇地动造成震惊世界的灾难。但此惊世灾难,能否警醒全球人人生起警惕无常的心?其实迷者自迷,觉者自悟,许多人还是浑噩不觉;然而贴近佛心、立志行菩萨道的人则已经警觉。菩萨行者认为:天下既是一家亲,我不去救,谁去救呢?全球慈济人因此发出愿力,组成救灾团。台湾、马来西亚、印尼、土耳其、约旦五个国家及地区的慈济人同心协力，在受重灾的巴基斯坦会合了。

这五个国家及地区的慈济人各有特色：约旦的陈秋华居士有来自约旦亲王的支援，土耳其的胡光中先生是虔诚的穆斯林，印尼有许多放下身段的大企业家，马来西亚慈济人具备丰富的国际赈灾经验，台湾出动大医王医疗团队，大家有志一同，实在是一个很美妙的组合。

其中第二梯次是简守信医师（编按：现任大林慈济医院院长）领队。当时简医师在大爱电视台的"大爱医生馆"节目入围金钟奖，颁奖时间正好与医疗团出队撞期。原本大家期待看简医师参加颁奖典礼，走一回"星光大道"。但是权衡之下，简医师放弃了"星光大道"，带上大批医疗用品，越过"星空大道"，飞往巴基斯坦。

星空大道，菩萨伴行，发挥妙手肤身病。展开了大爱，人间菩萨运用智慧贴近苦难苍生，双手拥抱，疗治心伤。

灾区的生活非常克难,一望无际都是高山,所有屋子都只剩瓦砾。晚间很冷,只能睡在薄薄的帐棚里,地面还是凹凸不平的石头,多么克难。医疗的进行也很克难,甚至跋山涉水、爬过断裂的危桥到小山村治疗病人,步步险难。但是菩萨行,难行而能行。

另一方面,少了光害,灾区的"星光大道"更显灿烂。而且星光大道早已进阶为"菩萨大道",以救世的心光照亮,以爱铺设。这是最可爱的人生,也是最令人尊敬的人生,这就是菩萨、就是佛。大乘菩萨行,确实很有意义!

编者言　人人是菩萨

无论是否佛教徒，相信大家都常听到"菩萨"这个名词，而其中观世音菩萨、地藏王菩萨更为大众耳熟能详。

在慈济世界，我们则常用"人间菩萨"来形容发好心、做好事的人，又以"草根菩萨"来称呼环保志工。其他称"老菩萨"、"小菩萨"、"教师菩萨"、"人医菩萨"、"企业家菩萨"、"警察菩萨"、"志工菩萨"……不一而足。

听起来，"菩萨"肯定是个好名词。不过，究竟"菩萨"二字是什么意思？

"菩萨"是"菩提萨埵"的简称，菩提萨埵则来自梵语音译，华语意译为"觉有情"，就是"觉悟的有情"之意，也就是上求佛道、下化众生的圣人。

所以能自己努力修行而有成就,还能使所有众生都得到觉悟的快乐,这种人就是菩萨。

如此说来,人人都能是菩萨,只要愿意多付出一点点。

这本书是在教我们怎么当一位菩萨。内容取材自证严上人二○○五年九至十一月间晨语开示,起于《慈悲三昧水忏》中"或因六行造一切罪"一句忏文。忏文中的"六行"意指偏差修行的"外道六行",而证严上人为了拨乱反正,释文当中同时仔细介绍了"佛之六行",作为外道六行的对照,并为我们指出了正确的修行方向。

"佛之六行"展开来即"菩萨五十二位阶",是修行者学习当菩萨最重要的指引。因此,我们特别将这段内容由《水忏》讲记中独立出来,让大家一书在手,学习不愁。看了这本书,你会知道要当一位菩萨可能遇到的困难,也知道如何坚定自己的心志,等到具足了信心愿力,你也可以是一位菩萨。

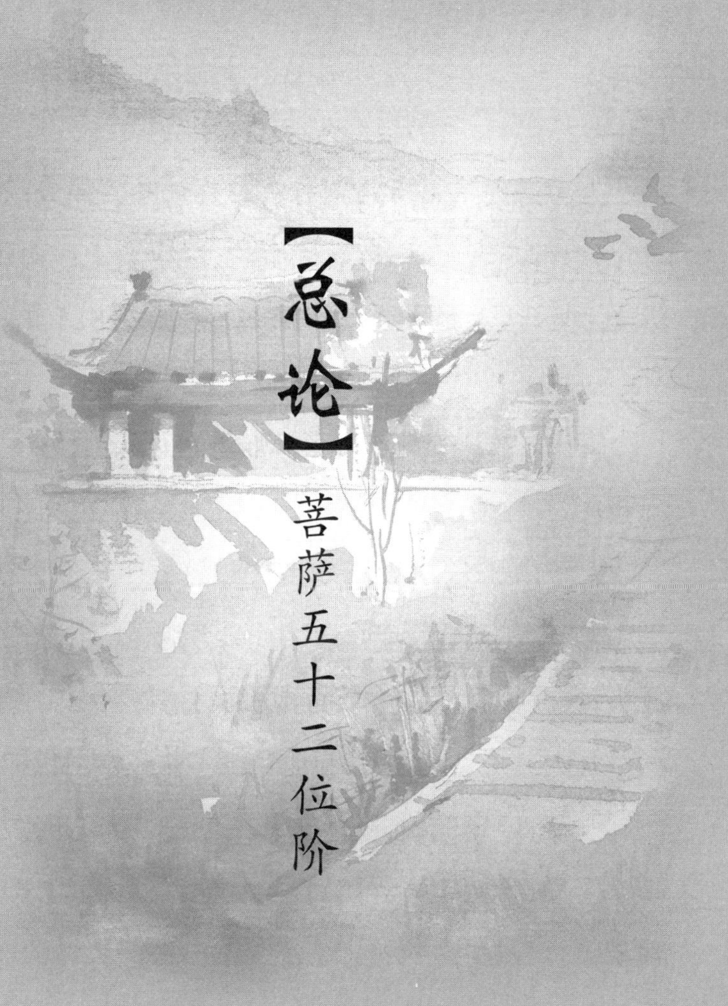

【总论】

菩萨五十二位阶

大力菩萨言：“云何六行？愿为说之。”佛言：“一者十信行，二者十住行，三者十行行，四者十回向行，五者十地行，六者等觉行。”　　——《金刚三昧经》

　　五十二位阶之名出自“佛之六行”，即六度之行也。

　　菩萨由凡夫到成佛，定要经过这五十二个阶位，即十信、十住、十行、十回向、十地、等觉、妙觉，才能转凡夫，成就菩萨，更进一步而成佛。

　　凡夫总是为己较多，利他较少。菩萨学习佛的心行，因此自度度他，心胸渐次开阔。一旦内心的镜子擦拭干净，大圆镜智光明，自觉觉他，觉行圆满，即是成佛了。

【十信篇】

十信者，乃三贤之首，万行之先。然欲从凡入圣，必以信为先导。始自信心，终至愿心，总为十信，以作菩萨真修之方便也。

——《三藏法数》

经云："信为道源功德母，长养一切诸善根。"我们发心学佛，就是要学佛陀发大心、立大愿、广度众生。若不能相信佛德、佛行，绝对学不成佛。所以对于佛的德、佛的行为，应该要非常坚定，一定要以信来降伏疑。经典中有关"信"的名相很多，现在取十种信，作为菩萨修行的方便。

《三藏法数》有云，万行以十信为先，十信也是三贤之首。"三贤"是指已证十住、十行、十回向诸贤位的菩萨。我们修行要证入贤位，一定要从信心入门，以信为前导，之后一步步进入贤圣果位。

"十信"从信心入门，以愿心为终。信心带我们入门，之后一直引导我们到发愿，如此共为十信。此十信，是菩萨修行的第一道门，也是菩萨真修的方便。行者若有信心，就会发宏愿；信心为前提，发愿随其后。所以信若正确，愿就正确；信若坚定，愿就宏大。

但信若迷失,则差毫厘,失千里,正道的方向一偏差,就会向邪道而去了,所以"信"对学佛者非常重要。信、愿、行是菩萨行者的道路,这一切都以"信"为前提。

第一章　信心

一切妄想,灭尽无余,中道纯真,名信心住。

——《楞严经》

学佛,第一要建立信心。建立信心,才能发大愿心;有了大愿心,才能实行菩萨道。所以"信"非常重要。

没有人能一悟成佛,要学佛、成佛,人人都要经过菩萨道,才能到达佛境界。不论从哪里开始,信心是最重要的基础。有坚定的信心,才能灭尽一切妄想,才能于中道纯真地直行。如此,在修行道上就没有偏差。

第二章　念心

真信明了，一切圆通。……无数劫中，舍身受身，一切习气，皆现在前。是善男子皆能忆念，得无遗忘，名念心住。

——《楞严经》

心能去妄，建立了真诚的信心，也就是"真信明了"之后，这一分正确明信的心念要念念不间断，这也就是"念心"。念心要绵绵密密，不要有一点空隙；信念不间断，能防止无明趁虚而入，自然"一切圆通"。只要念念不离正信，真实的信心明白无欺，信心念力相续不断，做一切都能圆融通达，对人对事物都能圆通。

学佛，不是一生就能到达佛的境界，而是要三大阿僧祇劫如此长远的时间。因为三大阿僧祇劫的时间很长，所以佛常以"无始以来"来表示年数很长。尽管修行时间长远，但每一种经历过的心境，无不历历在心。

人生在世间,谁没有烦恼?谁没遇到困难?我们在修行的过程中,虽然也遇到很多烦恼,但都能迎刃而解,这是因为我们真信真明了。只要对自己有坚定的信心,对自己有不间断的绵绵密密的信念,即使是面对很困难的事情,会发现原来也没什么困难,仍然能很圆满、很容易地通过。

不论经过多少世的生生死死,多少次的来来去去,我们若有正信的念心,还是会带着这个信念再回来。佛菩萨来回人间就是为了要救度众生,是乘愿而来,因此不论经过多少次的来生,都不会让他失去这念信心、念心。我们现在若能培养出这分好的信念,以后不论怎样的来来去去,我们都不会忘记,就是因为有明信坚定的念心之故。

第三章　精进心

妙圆纯真,真精发化,无始习气,通一精明。唯以精明,进趣真净,名精进心。

——《楞严经》

光有信心、信念不够,还要精进。有人说:"我信佛,我没有害过人,所以我是好心人。"这样说虽然没有错,也相信这样的人真的是有好心,但就是少了一样——身体力行。有好心,还能去做好事,这就是精进。

精进,就是"精而不杂,进而不退"。有精进心的人,就像琉璃一样透彻纯净,以妙圆纯真的精明向前精进,绝对不停止。时间不断分秒过去,不等待我们的脚步,所以修行的时间不能停,念念不忘,信念坚定,而且有好心接着一定要行好事。修行就是"修"自己的心,并且立定信念后,向前精进,这就是"行",因此称为修行。若是修而不行,就不是真修行了。

常说:"不经一事,不长一智。"我也说:"未成佛前,先结好人缘。"能和众人结好缘,而且自己的心都没有被烦恼污染,若能结许多这样很真又不受污染的好缘,这也可称为"精明"。

佛陀来人间度众生,若缺乏众生缘,也无法度化。所以我们要和人结很多好缘,这就是精进;心无污染,就是"妙圆纯真"。

可能有人一听到这些话就觉得很难,因为在人与人之间,要不受他人影响、不被烦恼动心,谈何容易啊!但就是因为"谈何容易",才称为修行。我们既然想进入贤与圣的位置,就要化难为无难,这就是难行能行。虽然是很困难的事情,但在精进的人心中,并无困难。

这种妙圆纯真的精明,大家若能多用心体会,就会知道那是很美的境界。修行是要回归人人本具的天真本性,所以在日常生活中面对人事物时,心要常常保持那分纯真、纯净。请大家在人生道上要用心精进,才能涌出这分本具的纯真本性,而且不受污染。

第四章 慧心

心精现前,纯以智慧,名慧心住。 ——《楞严经》

慧心是"心精现前,纯以智慧"。精,是纯净精粹之意。纯净的心,看人人都清净,看事事物物都没有污染,心境精纯,就是最纯真的智慧。

其实人人心中都有这分纯真的智慧。心就像一面镜子,能映照万物,只是众生的心镜被层层的无明遮蔽,才会看不分明。佛陀来人间就是来教我们如何将无明一层一层掀开,一旦烦恼去除后,心中的这面明镜就又恢复清净光明,心中那分纯真的智慧就自然现前,也能时时发起。

修行,最重要的是修智慧,要紧的是返璞归真。这念心能够一直保持着精纯,这样的人生会很可爱。因为这种人能和许多人结很多好缘,我爱人人,人人也爱我,如此敬而爱的人生,就是因为能在日常生活中,常保纯真的智慧之故。

第五章　定心

执持智明，周遍寂湛，寂妙常凝，名定心住。

——《楞严经》

要得到清净的智慧，必须有"定心"。定，是"执持智明，周遍寂湛"的心灵境界。智慧明朗，无论多么吵闹复杂的地方，无论眼前有多少困扰，只要有定心，都能不受干扰波动，常处在寂静的心境。

所谓"动中取静"，修行不是要离开喧闹、找一个僻静的地方躲起来，而是要修心静，否则愈静的地方反而愈容易使我们的心思浮动。现在常听到忧郁症患者，他们不爱出门，将自己关在家中，于是忧郁妄念不断生起，心更定不下来。

这一类患者，我会鼓励他们走出户外和大众接触，可以找人说说话，或是找事情做。在慈济的环保站，也有一些人曾经陷在忧郁中，自己封闭自己，好像世间所有人都对不起他，层层的难关他都过不去，不断陷在负面的思想里。慈济人知道了，就循循善诱辅导他、和他互动，说一些开启心门的话去肤慰他。

之后又慢慢带他，陪伴他走出来。先让他建立信心，知道地球不断受破坏，大地资源一直在消耗中，而每个人都有能力救地球，只要肯伸出手从事资源回收，地球得救就有希望。

慈济人善巧地引导他走入资源回收场，体验到有意义的人生。投入之后，他从原先孤单、孤僻的境界走出来了，杂念妄想渐渐降伏，看他做事做到浑然忘我，所有烦恼尽抛脑后。

所以，不论周围环境如何变动，只要我们的心能够训练到不受干扰，就是"定心"。

第六章　不退心

定光发明,明性深入,唯进无退,名不退心。

——《楞严经》

有了前面的信、念、精进、慧、定这五种信心,就不会再有退却的心。

心念坚定不退转,就是"定光发明"。因为有定,智慧自然会发出光明。众生无不在愚昧中,愚昧就是黑暗,因为心地黑暗,所以许多人连自己都不了解,遑论了解别人。

就像一个房间,若是门窗紧闭,光线透不进来,又没开灯,如此,即使室内全是各种精美的宝物,但因为缺乏光线照射,再美的物品也没办法欣赏到。但若能发出定慧之光,因为慧光内照之故,不只对自己真正明了,明白自己应该选择的方向,对别人也非常了解。这是凝聚了智慧和定力,所发挥出来的一念定光。

"明性深入"，明了自己的心性后，知晓凡夫和佛一样有清净的本性，能透彻心、佛、众生三无差别之后，就能保持进而不退的信念。因为能"唯进无退"，我们的修行才能从凡夫地通往圣贤的境域，所以"不退心"很重要。

第七章　护法心

> 心进安然,保持不失,十方如来,气分交接,名护
> 法心。
> ——《楞严经》

"人能弘道,非道弘人",佛陀来人间,就是为了引导迷茫的众生,能够踏上康庄的菩萨道路。我们既然是佛的弟子,理应承担佛陀的家业,传承佛陀的精神,不但要发心不令佛法散失,更要积极而且准确地将佛陀的教法弘扬出去,这才是真正做好佛弟子的本分。

若要做一个弘法者、护法人,必定要将佛法用在日常生活中、用在自身的修养中。自作并教人作,让人人内修外行,从身形展现出佛陀的教育,做到处处是道场。

记得有一天早会时,大林慈济医院的志工分享一则个案——有一位老先生住院,他有一位担任教职的儿子很孝顺,每天风雨无阻来院探望父亲。

志工看在眼里,内心很感动,赞美他:"你真孝顺,现在要找这样孝顺的人已经很少了。"

他回应:"这是本分事,父母养育我们,现在老了,换我们奉养他们。爸爸住院,我应该陪在他身边,但是为了顾及工作和学生,无法二十四小时陪伴,只能每天来看一下爸爸。即使时间不长,我总是要尽心力。"

志工说:"看你们兄弟姊妹都很孝顺。"

他又回答:"这正是父母的家教。父母从小如此教育我们,我们就要听从,才能用身教再教育我的子女和学生。除了尽人子的本分,我也该尽老师的本分。"

那位老师以身作则,不但传承伦理道德的家教,也用身教教育他的学生。这就是"护法心"。人人守本分,家庭守人伦,社会守道德,人与人之间启发善念,懂道理、守礼义,这也是佛法的其中一法,所以在家人也能护法。

至于出家人,既然走入如来家,就要荷担如来家业,弘扬佛陀的教法,受法、传法、护法的心念念不退转,看准了路向前走,就能成就道业。

累积很多佛陀的教法后,所表达出来的气质,就是德行。德行不是用口说,而是从举手投足、待人接物、说话、表达、行为等等中,自然让人起欢喜心、起恭敬之心,这就是德的形象,也就是所谓的德相。但若看到有人举止行动不合宜,说话的声音和方式不适当时,自己要如何去教育他？要如何表现才能去影响他？对众生展现出智慧的教法,这也是护法心。

第八章　回向心

> 觉明保持,能以妙力,回佛慈光,向佛安住。犹如双镜,光明相对,其中妙影,重重相入,名回向心。
>
> ——《楞严经》

常说念佛回向,其实真正的回向是保持觉明,以妙力回佛慈光,向佛安住。拥有明朗的觉念,清净明朗的智慧得到启发,分分觉悟返照回来,像是光线照射在镜面上,镜子又反射回去,这就是"回向"。

因此真正的回向是自己"觉明保持"——常保一念明朗的觉性。有了明朗的智慧,就能照耀外面的境界,时时能清楚分别外界一切的人、事、物、境,一点都不糊涂。若能常常保持住这分觉明,则面对外境时,一切无不明朗。

因为自心清净,就像一面镜子,所以能清楚分明、无错谬地照见外境的一切。这分能清楚照见的智慧,就称为大圆镜智。这分大圆镜的智慧有一股很微妙的力量,境界来时,不论是山河大地,人物、景物,或珠宝,或秽物,都如实映照;但境界离开后,这面镜子又恢复空无一物,完全不受影响,也没被污染。

人人的心若都能像这面镜子,不知有多好!不论面临任何一种境界,心都不会产生影响、污染或挂碍,如此就"能以妙力,回佛慈光"。因为妙力感应佛光回照,所以心地总是清净无染,又能向佛而安住。不论任何的纷纷扰扰或人我是非都动不了自己的心,因为心中只有一念,绵绵不断,这就是佛清朗的智慧,也就是佛光回照,这就是回向。

大家既然发心修行,需懂得在日常生活中用心。不论是开口动舌、处世待人,都要时时观照自己的心是否被外面境界牵制住?事过境迁后,若自己的这念心还是很挂碍,这就是没有佛光回照。

每个人每天做的事真的很多,既然做过了,就像走路一样,要前脚走,后脚放,不能让脚一直黏在地上。同样的意思,事情做过之后,就不要再让那个境界污染自己的心,这就是佛光回照。

　　明白自己的心光永远与佛平等,自心也能永远安住在佛的境界中,如此才是真正的回向。

第九章　戒心

心光密回，获佛常凝无上妙净，安住无为，得无遗失，名戒心住。

——《楞严经》

修行不能无戒，学佛者以戒为制度，才不会出轨；要一心安住在佛的智慧之光、佛的心地中，一定要保持守戒的心。

戒回绕在心中，才能使心光绵密。所以经中说："心光密回，获佛常凝无上妙净，安住无为，得无遗失。"这种无为的境界就是佛的境界，无杂染，不漏失，一念佛光常照。

戒，是戒律，也是制度。不只群众需要制度，自己一个人时，也要守戒。自己的行为能合于制度，懂得自我节制，该做的事，就积极去做；不该做的事，无论如何都不犯，这就是自戒自在。若能住于戒律中，行为就永远自在。

假使戒律没有守好,就很危险。在《法句譬喻经》中记载,佛陀在舍卫国弘法期间,僧团比丘一样日日外出托钵。其中一位年轻比丘在托钵时遇到一位很美的女子,女子接过他的钵,添满了饭菜出来,虔诚双手供养,这让年轻比丘留下很好的印象。

　　年轻比丘回到僧团,脑海中不断回想女子的情影,搅扰得他寝食难安。最后,他生病了。

　　同修比丘问他:"好些天你都无法出去托钵,看你整天坐立不安,到底发生什么事了?"年轻比丘向同修者坦承了心事,并说:"我不晓得现在该怎么办?"

　　同修比丘赶快禀知佛陀,佛陀听完后亲自来探视。年轻比丘见到佛陀来了,也不敢隐瞒,并且恳请佛陀解决他的烦恼。

　　佛陀说:"这有什么困难! 你快起来整理好仪容,我陪你到女孩家去。"

　　年轻比丘一听,全身都恢复了力气。佛陀陪着他,一起到了那位女子的家。还没走到门口,远远就闻到一股很臭的味道。一问之下,才知道女子三天前突然暴毙。父母舍不得埋葬她,天气炎热,尸体留在家里早已经膨胀腐烂，臭不可闻。

年轻比丘走进女子家一看，眼前的女子遗体膨臭变形，原来美丽的形象已完全改观。事情至此，年轻比丘起了惭愧心，跟着佛陀回僧团去了。

回到精舍，佛陀集合大众开示："心念放逸者，见淫以为净，恩爱意盛增，从是造牢狱。"观身不净，每个人的身体都是如此污秽。修行者心念一放逸，以淫为净，受外面色尘诱引而产生恩爱情意，恩爱的意念增加，追求的心就愈炽盛，最后的下场总是造成牢狱之灾。

佛陀所说的牢狱，不只是指人间的牢狱。世间人为了爱、为了色，犯罪入狱，这当然是牢狱之灾。但心中爱欲缠绕不息，日思夜梦，这也是心狱之灾。

佛陀又说："觉意灭淫者，常念欲不净，从是出邪狱，能断老死患。"修行最重要的是提起"觉意"，时时刻刻自我提醒爱欲不净，觉悟身体本来无常，觉悟心不能受污染。觉意若常提起，就能灭淫心，男女恩爱之念就能灭除，从而远离人间牢狱或是痛苦心狱之患。

修行不是为了灭除六道轮回吗？我们一定要将心欲断除，才不会重重烦恼牵扯不清。修行无他，心念能保持清净，信心才能坚定，所以"戒"很重要。

第十章　愿心

住戒自在，能游十方，所去随愿，名愿心住。

——《楞严经》

"十信"的第十个是"愿心"。守好愿心，愿心要住于戒律中，身心才能自在，不犯过错，也可以避免很多困扰。

身轻心安就是解脱，心境清净者能遨游十方，不论在任何众生境界，都能逍遥自在，所作悉皆随愿。

修行如果能把十信心修得好，相信道行就不会偏差。

【十住篇】

菩萨约位进修,以妙觉为本。此觉由信而入,入则能住。故自发心住至灌顶住,通为十种也。

——《三藏法数》

宁静的境界中,是心境最敏感的时刻,一点点的声音,就会影响很多人的心境。学佛,要学习把自己的心顾好,同时不影响别人的心。有句话说:"宁动千江水,勿扰道人心。"修行人的心好不容易才平静下来,如果又去搅扰,不只是对方的心境乱了,对自己的德行也有损伤。所以要顾好自己的心德,也不能影响他人的心境。

"十住"的"住"是"会理之心,安住不动"之意。亦即心能体会真理,安定不受影响。佛者,觉也,觉就是道理、就是真理,我们发心学佛,是要学习如何体会天地万物一切的真理,学习如何让自己的心性去会理。心性若能会理,自然就能够安住。

心要会理、要安住,一定不能欠缺前面所说的十信。唯有十信心坚定,唯有将十信建立起来,才能更上一层进入道理的境界。进入道理的境界后,如何住而不动? 这就是十住行所要教我们的十种方法。

第一章 发心住

以真方便，发此十心，心精发辉，十用涉入，圆成
一心，名发心住。
                                            ——《楞严经》

"十住"的第一个是"发心住"。凡事都有起头，即
是发心。发一念心作用很快，但发心之后，若不能起
行、不能安住，则佛道遥远；若发心之后，能与佛常随，
成佛即在眼前。

"发心住"是"以真方便，假十信之用，圆成一心"。
何谓"真方便"？佛陀说法四十九年，前面四十二年所
设的都是方便法，因为众生根机不同，所以佛陀根据
众生烦恼应病下药，也是因机逗教。虽然用的是方便
法，但是里面同样包含真理，以最简单的方法让迷茫
众生有所体会，此谓"真方便"；真是真理，方便是方
法，运用十信的方法使凡夫心转为佛心，融合为一体，
即为"发心住"。

佛陀觉悟的真理只有一项，但是众生烦恼无量无数，佛用唯一的真理，开出无量无边的法门，以因应众生八万四千的烦恼，这就是方便。方便不离真理，为了改变众生不好的习气，虽然要应他的心去下方法，但是不能离开十信。

　　"假十信之用"，即人人发心将十信住于心中。从凡夫地开始，用十信之行往前一直走，就可以到达佛的境界，让众生回归与佛同为一体，如此就可"圆成一心"。圆成一心的心，指的是佛心。我常对慈济人说："以佛心为己心，以师志为己志。"人人都有佛的大悲心，我们是藉此立志立愿来运用，所以才能够圆成一心。

第二章　治地住

心中发明，如净琉璃，内现精金，以前妙心，履以成地，名治地住。

——《楞严经》

这里经文所谓的"以前妙心"，即在十信提过的大圆镜智的圆妙智慧。

人人都有一面清净的心镜，照外境分分明明，境界过后，心镜也毫不受污染。这种境来照境，境去不留的微妙心境，就是妙心。

但凡夫在日常生活的境界中，面对人事物，一项一项从心镜过去，到底自己的心镜是否受到污染？人事物是否困扰着自己的心？困扰若在心中挥之不去，常常感到心中有个阴影，如此就不妙了。这表示自己没有勤于拂拭心镜，也就是没有用心在治理自己的心，才任凭境界一直污染心镜，这就是没有在治心。

治地住是要告诉我们，如何使心不受境界诱引。

最简单的方法就是修心。心若修得好，道心自然不会受周围的境界影响。将自己心中的明镜擦拭干净后，也要看看自身周围的境界是否干净？若不干净，也要将周围的境界勤加打扫，若能如此，不论何时看过去，环境都很美。勤于顾好自己的心，用佛心看人，人人都是佛，对人能常起恭敬心，这才是真正的治地住。

发心坚定之后，用真方便的方法，将自己的心地治理干净，之后也协助别人治理好他的心地。先治自己，再治别人；自己先有觉悟的心，才能去觉他人。

十信安住后的心，我们要身体力行。不是用想的就可以得到，不是用讲的就是真方法，我们要实地走过来。俗话说以身作则，身教胜于言教，所以我们要脚踏实地，这也就是"履以成地"。若能如此，不但可以自己走得到目的地，还能再带人到达同样的安乐处，这就是"治地住"。

大家要谨记这句"真方便"，用不离真理的方便法来治理自己的心，才能令心地干净、进一步走上菩萨道。所以发心住、治地住，不论是对修行者，或是对芸芸众生，都是很重要的法门。

第三章　修行住

心地涉知，俱得明了，游履十方，得无留碍，名修
行住。

——《楞严经》

什么是修行？修心养性，端正行为，就是修行。
此外，在家人守五戒、行十善，也是修行；因为守五戒
就是"修"，十善要去实"行"，因此这也是修行。至于
出家人的戒律就比较多了，在日常生活中要如规如律
如仪，平日在举止动作、举手投足、待人接物时，都要
注意这念心和行，心若不注意，行动就会偏差。

因为要守得住这念心，道业才能精进，行为才能
端正，所以修行离不开这念心。经文说明"修行住"
时，第一句也是说"心"——"心地涉知，俱得明了"，自
心所缘之处，都可清楚分别。不过，"知"只是常识，让
我们能分别事物。譬如我知道这是电灯，可用在照明
上，甚至也能知道这是几烛光的灯泡，此处的"知"，就

是分别之意。

但是待人接物则不同,人家若给我们不好看的脸色,自己应该用什么心态来接受,又应该用什么态度来对应,这就需要智慧了。如何将心宽一寸,如何退一步海阔天空,这是智慧。许多人虽然知道很多事情,但就是不懂得如何在与人互动时,宽一寸或退一步,这就是未开启心的功能。

我们若愿意接受佛陀的智慧之光照耀,自己心地的心光才能够开启,如果心中有光亮,在看待外境时自然都很明了。但凡夫的心,却容易受欲念影响而起无明,因而遮蔽了心地的光亮。所以我们必定要把修行的心,恒住于心中。

若能如此,不论在日常生活中接触何种外境,心中都能明了,觉性历历明朗,就不会被心欲障碍修行的道路。如此,就可以"遍修诸行,皆无留碍"——遍学普行诸善法,不会受外面的境界困扰而产生障碍。

总而言之,"修行住"就是心里要常常记得自己是修行者,修行者的心应该是明明觉觉,一点都不糊涂。不论什么境界经过自己的心,心中无不明觉。若能有这分修行的心,自然行履足迹遍及十方,皆无窒碍,可以通行无阻。其实所说的障碍,都是自障碍,不是他障碍,所以大家要提高警觉,好好修心。

第四章　生贵住

行与佛同,受佛气分,如中阴身,自求父母,阴信冥通,入如来种,名生贵住。

——《楞严经》

《三藏法数》云:"由前妙行,冥契妙理,将生佛家,为法王子,故曰生贵。"

"冥契妙理"意指我们的心在任何时刻,冥冥之中都和真理相互契合。言语行动、待人处事都能合情合理,契合觉悟的有情。这不是为自己,而是为群生。人伤我痛,人苦我悲,因为具有和佛同样的大悲心,悲众生的苦难,所以想方设法要去拯救他们。如此行佛所行,是珍贵的佛法种子,就称为"生贵住"。

记得二〇〇五年八月,卡特里娜飓风重创美国路易斯安那州新奥尔良。当地人民经历了惨痛天灾,许多人家破人亡。原本的热闹城市一夕之间从天堂变成炼狱,没有清洁用水,没有电力,到处弥漫着浓浓尸臭。

隔邻德州的慈济人不忍人之苦,全部动员起来;其他州的慈济人也赶来支援,关怀各处灾民收容中心,使灾民惊惶的心得到安慰。一方有难,十方驰援。慈济人以与佛同等的心,不忍心众生受苦难,不只送去物资,还展开双手去拥抱、肤慰灾民。许多年长的灾民,遇到此种亲人流离失所、居家财产全毁的天灾,整个人失魂落魄,数日面无表情,不言不语。慈济人来到他的面前,在他身旁轻轻读着师父要跟灾民说的话,然后唱起英文版的"牵手人生"歌曲。

当慈济人用最真诚的心唱出"苦你所苦,走你所走,欢喜你所欢喜"的歌词时,老人抬起头来了,脸上有表情了,逃难了这么多天,这时他才真正体会到人间温情。这群人间菩萨,立志做受难者生命中的贵人,这样的行动,就是契合妙理。

佛陀教育我们真理,让我们慧命成长,是我们慧命中的贵人,所以我们要时时感恩佛。同样的,我们也要期许自己去做他人生命中的贵人，众生多苦难，只要我们能用一分真诚的爱去陪伴，就能让苦难众生的生命中有希望。为芸芸苦难众生付出，设种种方便去度化他，这是我们的本分事，也是生佛法尊贵处的佛子行。

第五章　方便具足住

既游道胎，亲奉觉胤，如胎已成，人相不缺，名方便具足住。

——《楞严经》

《三藏法数》说明"方便具足住"是："由前妙行，既与佛同，则自行利他，善巧方便，具足不缺。"因此，要达到"方便具足住"，一定要自利利他。

日常生活中不离开人、事、物，只要与人相处，难免会遇到各人见解不同、习气不同的情形。常常自己想要这样做，但是其他人却认为那样行不通。这时，应该用什么方法，找出一个双方都认为行得通的方法？

第一，自己的心要先放宽。只要对方说的是行得通的方法，而且不偏差，就不妨摒除成见，接受他所提出的方法。这是自己先打开心门，接受别人对我的引导。但是如果对方提出的方法，自己再三考虑后，认为行不通或是容易偏差时,就要用第二种方法——以"耐心"来同事度。经由和他一起做事当中,不伤感情地慢慢引导他,从原先偏差的道路回到正确的位置,这就是智慧。

不论是用包容心配合别人,或是用智慧心、用善解,将他从错误的方向引导到正确的方向,都必须要和他同事,才可能利他。所以自利是结好缘,利他就是度人,能自利利他,就是方便具足。

第六章　正心住

容貌如佛，心相亦同，名正心住。　——《楞严经》

心正是修行者不可缺少的，发心若不能坚持，缺少定力，就容易被境界影响。想要超凡入圣不是那么容易，除非信心坚定、慧心坚强、定力具足、正心常住，才能心念同佛，以佛心为己心，悲悯度化众生。

常说"以佛心为己心，以师志为己志"，简单的几个字，已经将从起步到终点的蓝图准确地标示出来。但是发心容易恒心难，人人本具佛心，凡夫却将此一原来本有的佛心，任由无明一层层盖住，慢慢地将佛和凡人之间的距离拉长。

其实联系佛和凡人两端的这条线还是直的，只要我们用心拉紧、拉近，就能将这念凡夫心，随着这条线笔直的向前走去，最后一样可以到达佛的境界。只要在自己心里将无明一层一层地掀开，掀到底一样是这念清净无染秽的佛心。所以，不论是远或深，我们和佛的心都没有中断，只是拉长了而已。而凡夫能不能将这条线拉紧，一步步朝向佛的境界前进，关键就在于这个"正"字。

所以"正心住"很重要。"住"是"定在一处"，"正心住"就是"心能定于正确不偏差"。能"唯得其正"，心念就能与佛同，也就是佛心己心——佛的心就是我的心，我的心就是佛的心。此中关键，全在一"正"字。正，是一条康庄的道路。

心正并不困难，凡夫也可以修得。在慈济的人间菩萨中，有一位现代"给孤独长者"，他很有慈悲心，对贫困苦难者都愿意布施，他就是李宗吉居士。为什么大家对他那么尊重？原因是他为人正直，并且是一位稀有的大孝子。

他的父亲很早就往生了，母亲独力抚养他们兄妹成长。小学毕业后，因为家贫无力升学，他经人介绍成为童工，做些打杂的工作。

老板看他外表忠厚老实，想试探他的品德，故意把钱四处乱放。他并不晓得老板的心思，只是打扫时捡到钱都会拿去给老板,老板觉得他是真的可靠,便慢慢开始栽培他,几年后老板甚至鼓励他自行创业。后来他从大陆来到台湾,刻苦耐劳不断累积,终于成就一番国际海运基业。

有一回,他买了一艘大船,开航时并不是邀请政府官员、地方名人或明星,而是请他的母亲来开航,并以母亲的芳名为船只命名。此举一时传为美谈。后来,他的母亲年老往生,他就在母亲坟边守孝,陪伴母亲好几个月。往后也把住家搬到母亲墓地附近地区,每天早上都去扫墓祭拜,从不间断。

此外,慈善拔苦、兴学育人等等善举,他一样都不缺席。当他因病往生,家人更遵照遗言为他捐出大体,成为慈济"模拟手术教学"的无语老师。这是多么洒脱啊!一辈子大孝大爱,他的心行忠实诚正,真正是人间菩萨的典范。

只要一念心正,并将这念正心正道运用在生活中,虽然我们是处在凡夫的生活中,相信也可以成就人间菩萨的典范。

第七章　不退住

身心合成，日益增长，名不退住。　——《楞严经》

身心增长，无有退缺；利益众生，无有退却，即是不退住的精神所在。

常有人疑惑，人生究竟是圆满，还是欠缺？其实人若有满足的心，就是圆满；人心若不满足，永远都感欠缺。

对于有形的物质，人心总是不满足。譬如人生寿数，好比印顺导师虽然享寿百岁，但当导师舍报时，我们还是深感不舍、遗憾，还是会想："怎么不多几年？"但是透过佛陀的教育，我们知道人的寿命有限，知道这是大自然的法则。人和人之间相处，就是如此，因此佛陀要我们提起满足的心。

其实，生命的重点不在长短，而是在于生活的品质。在人生道上，第一要安分守己，第二是能善尽家庭和社会的责任,第三是有正确的信仰方向,能走入正确的道路。我想这就是最圆满的人生。

许多慈济人在人生的最后,心情很开阔、很自在,没有恐惧,还预先安排捐赠遗体作为医学研究。他们并且发愿"快去快回",赶快要投生到下一世,再回来慈济付出。这就是"不退住"——身心安住于道场,生生世世道心不退转。

比如慈济委员静蓉在往生之前,许多师姊围在她的病床前,她一个一个地说感恩、道再见,之后就安详往生。桃园也有一位慈诚,被医师宣布是癌末时,他只是想:"我要回去慈济,回到师父身边。"他每天都很乐观,每一回看到他都是很灿烂的笑容。在花莲慈院住院期间,除了治疗外,他总是把握时间在医院当志工,甚至也去居家关怀、去现身说法。那段时间,真的抚平很多人的心。

修行,如何在日夜轮替中维持一心不乱,恒持一念不退?只要选择正确的道路,向前精进直走,永无退转的心,就是"不退住"。身在菩萨道中精进,心在慧命中增长不退转,修行就没有缺憾。

人生,就像天上流星划过;若是菩萨道心发起,就是增添人间亮丽。虽然流星划过夜空,光亮一闪即逝,但因为菩萨心去,菩萨心回来,像星星又浮现出来了,因此人间的菩萨又增加了。在此坏劫时代,也正是贤人辈出的时期,所以我们应该用心迎接未来亮丽的人生,这也是我们的期待。

第八章　童真住

十身灵相，一时具足，名童真住。　——《楞严经》

何谓"童真住"？就是心地天真无染秽，常保赤子之心，单纯无杂念。赤子之心，很纯很真。即使被人责备时，若对方有理，就会修正自己去学习、去接受，心里完全不会记恨。不记恨就是心无污染，这就是童真。

经云："十身灵相，一时具足，名童真住。"此处所言佛的"十身灵相"，即众生身、国土身、业报身、声闻身、独觉身、菩萨身、如来身、智身、法身、虚空身。佛陀现种种身形，无不是用以启发众生的一念真心，使其心与道合，证见真性。

从《本生经》可知，六道中都有佛的形象。有时现天人，有时现人间的凡夫相，在人间有时现富贵相，有时现贫贱相，有时现庄严相，甚至在饿鬼、畜生、地狱，每一道都曾有佛陀现身。所以佛陀教示我们，心要时时培养佛心，看人人都是佛，不能轻视任何一个人。说不定你所轻视的那个人，恰好就是佛菩萨示相要来教育我们。

《四十二章经》中有这样一段文字："沙门问佛：'何者为善？何者最大？'佛言：'行道守真者善。'"修行，最重要的是修最真最诚的那一念。哪一念最真最诚？就是当初让你最感动、让你下定决心要修行的那一念心最真最善。什么是最大的道理？佛又回答："志与道合者大。"我们的意志和要走的道路能紧密结合在一起，就是大道理。

人为什么会选择来修行？就是因为有所感动、有所觉悟。凡夫和佛有平等的智慧，自己往昔在觉悟当下的发心，那念心最真。只是凡夫的觉悟往往只有那一瞬间，因此若能守住觉悟的那念心，就称为真，就是行道守真者善。

这念心守得住，并将这念心力行在日常生活中，即称为志。志就是志愿，所以慈济称为志业；投入志业中，不求回报而付出的人称为志工。立志而工作，即为志工，也称为人间菩萨。普天之下多少慈济志工，立志之后，顺道而行，佛说"志与道合者大"，因此每一个志工的生命都是大道理，这也是我说人人都是一部大藏经的原因。

童真的心，是修行最好的心。对佛陀教示的真理，要须臾不离己心；对其他人所教导的生活方法、待人接物的形态，也要虚心接受，这就是童真住。心能很单纯，自然十身现在人间，一时具足。童真很可贵，请大家要好好用心回归童真，回归单纯的心。

第九章　法王子住

形成出胎，亲为佛子，名法王子住。

——《楞严经》

十住行的前八项，从"发心住"至"生贵住"如同入圣胎，自"方便具足住"至"童真住"是养圣胎，到了第九住已长养功成，名为出圣胎。既已出胎，就是佛之真子，能继绍佛种，所以称为"法王子"。

我们修行绝不是从这一生才开始，应该在过去生中就累积了各式善恶种子。过去我们应该与佛结下有缘的种子，因为有这念种子在，所以我们今生有缘来修行。这颗种子就如同圣胎一样，若没有这颗种子，也就没有助缘能让我们来修行。

我们要很庆幸，因为不知道自己在哪一生中曾与佛结缘。《法华经》经文说，同在一场法会中的听众，有的人或许在无始劫前就曾结缘，也有人是在佛陀时代才初闻佛法而开始这一念种子。佛陀也说,只要在道场中结下这念种子,在未来无量数劫中,种子会不断现行,有缘者一样会来听佛的法,行佛的行,并在此世间广度众生。这一切都是来自一念种子。

这颗种子要好好珍惜,让它成长茁壮。要让种子成长,一定要精进修行。精进并不仅仅是拜佛或念佛,这只是身精进,更重要的是心要精进。所谓心精进就是要有佛心,佛心就是大慈悲心。芸芸众生,苦难偏多,我们是不是愿意去付出?你若真的愿意去付出,就是在行菩萨道,菩萨道的尽头就是佛的境界。要绍隆佛种,一定要从自己的这颗种子先好好培养起,让它成长,之后才有缘接引众生。

处在人心污染、大地破损的坏劫时代,众生共业承受苦难,我们应该立志修行,并且要绍隆佛种,也就是人间菩萨招生,让更多人赶紧有机缘走入人间菩萨道场,共同来净化人心。人心净化了,天地才不会再受污染,人与人之间也不会起冲突。但愿人人都是法王子,都能立志承担如来家业,净化人间。

第十章　灌顶住

表以成人，如国大王，以诸国事，分委太子。彼刹利王，世子长成，陈列灌顶，名灌顶住。　——《楞严经》

"灌顶"，是印度王位传承的习俗。当王子长大成人后，国王要传位给王子时，需以四大海清净的水为新王灌顶。这在佛教仪轨上就如皈依仪式，代表你已入佛门，要奉行三宝规戒。

《三藏法数》云："菩萨既成佛子，堪行佛事，佛以智水而灌其顶。"我们既然是佛的弟子，就要接受法，法譬如水，法水若能点滴入心，就是滴水灌顶。期待人人的慧命能藉着点滴法水的吸收，而成长为法王子，真正承担起如来家业，投入人群去付出，将好的影响带给其他人，这才真正是灌顶住。

与其灌顶，不如灌心；心受法，身则能行；身心安住，则"十住行"具足。

【十行篇】

由前十住,进修功满,已成佛子。自得己利,而利他之行未成。是故广行饶益,随顺众生,令其欢喜。然行有浅深,故始自欢喜,终至真实,而成十种也。

———《三藏法数》

"十行"的"行"是"进趣"的意思。修菩萨道的人经过前面的"十信"和"十住",已成为佛子,满足了自利的功德,进一步必须再长养利他的功行,故名为"十行"。

十行的名相,分别是一欢喜行,二饶益行,三无瞋恨行,四无尽行,五离痴乱行,六善现行,七无著行,八尊重行,九善法行,十真实行。

第一章　欢喜行

成佛子已,具足无量如来妙德,十方随顺,名欢喜行。

——《楞严经》

我们既然发心立志要成为佛的弟子,就不能只是独善其身,更要立志行菩萨道;也不能只是行菩萨道,还要再向如来的妙德境界趣行。以随顺欢喜的心,进向十方,就是"欢喜行"。

如何能欢喜呢? 首先,心要开阔,志要扩大。心要开阔至包含太虚,志要扩大到量周沙界。我们要把心扩大到能关怀整个地球,对于地球上的一切生灵——不论种族、肤色、宗教信仰,甚至不论生物种类,或是无生命的山河大地,都要包容进来,为了他们都要甘愿付出。不论遇到什么境界,都要欢喜接受。

师父常对大家说"甘愿做,欢喜受",既然发心当菩萨,要甘愿付出,扩大爱心去爱一切众生。尽管受到挫折考验,都能欢喜接受。

记得慈济人曾数度冒着生命危险进入阿富汗赈灾,无论是搭乘机身充满弹孔的飞机载送药品,或是趁着黑夜开车躲过层层关卡运送物资,都是那么辛苦。然而一想到饥寒交迫的阿富汗人民等待救援,其中还有五岁的小男孩户长带着弟弟妹妹求生,慈济人即提起勇气,只有一个信念——使命必达。

还有一次在暴风大雪中等待载运物资的卡车,卡车抵达时已是半夜,但为了早一刻整理就绪,让灾民前来领取,慈济人仍是连夜搬运。没有照明设备,就以车头灯代用,强力光束前飞溅着片片雪花,年纪不小的慈济人和身体僵冻的灾民一起咬着牙扛物资,双脚踏过雪地,印下深深雪迹,也印下永难忘怀的记忆。

这是历史的脚印,也是菩萨的脚印。慈济人不怕辛苦,不怕危险,很甘愿去付出,付出之后那分轻安自在,映照着灾民脸上的欢喜,正是利他的"欢喜行"。

行菩萨道,是为了达到妙德,也就是佛的境界。将自身的德行培养至能"道风德香熏一切",此谓之

"妙德"。要培养妙德,必须行道步步精进,毫不偏差,如此就能建立起道风,也称为道格。道格建立之后,自身所散发出的气质会飘散着一股德行的香味,此谓之德香。若能达到此一境地,即是具足妙德。其实微妙的道德,无不是从自己的身教、言行中表达出来,因为能令人欢喜,故是欢喜行。

总而言之,甘愿欢喜,是菩萨十行行的第一行,也是我们往佛的境界精进时,必定要保持的心情,藉以实现人间菩萨道。

第二章　饶益行

善能利益一切众生，名饶益行。　　——《楞严经》

"饶益"，就是完成善业之意。欲完成善业，应该秉持诸恶莫作、众善奉行的精神，将善心善行推广出去普及众生，大家同行菩萨道，同沾法喜，使人人共至佛境，令一切众生受到益处，此即"饶益行"。也就是《三藏法数》所说明的："善推妙德，饶益众生，使得法利，不生厌想。"

"善推妙德，饶益众生"，最简单的表达就是"诸恶莫作，众善奉行"。从十信一路说明下来，无不都是在讲善——善心善念。善是人人日常生活中不可缺少的，除了自己行善外，还要将这分善推广普及，饶益一切众生。

不只是安众生的身心，甚至要进一步"使得法利"。何谓"法利"？须知众生最苦恼的，就是粗重的烦恼;学佛就是在学解脱烦恼之道,能懂得将粗重烦恼放下,因此感得身轻心安自在,就是法利。若能将自心所得的法喜普及大众,让人人都能得到,并且很甘愿去付出;付出之后,能永远都在欢喜中,这才是真正的利益众生。

"不生厌想",就是向前直行,绝对没有懈怠或是停滞。唯有真实走在菩萨道上,才能体会到真正的道理。

比如佛说世间是苦,但什么是苦的人生?当你投入苦难人群中时,看到众生的病痛之苦,甚至是贫病交加的苦上加苦,还有恶夫、悍妻、逆子种种的家庭不和之苦,苦难祸端,一层层现身眼前,让我们体会,教育我们,这就是我们修行历程的风光、道理,让我们能体会到苦的真谛。看到世间的苦,明白苦谛的道理后,周围再有任何烦恼入心时,自己很容易能够看开,不会横生计较,自然心就欢喜自在,没有厌烦。

在《六度集经》中有一段文字,我看了之后很喜欢。"慈育人物,悲愍群邪,喜贤成度,护济众生。跨天越地,润弘河海,布施众生,饥者食之,渴者饮之,寒衣热凉,疾济以药,车马舟与。"

大意是我们要有无缘大慈的慈心,希望人人幸福、社会平安,为达此一目标,我们愿意付出再付出。也要有同体大悲的悲心,要悲悯信仰偏邪、生活偏差的众生,想尽办法来为他们解除痛苦。

看到有人有因缘进入佛门,发心行于菩萨道中,要随喜赞叹,鼓励他持续精进,不要退失道心。看到天下遍布苦难,慈济人分布在广阔的受难国土,跨越国界,排除山海阻隔的限制,来到待援者的身边。人间菩萨亲手遍布施,众生饿了、渴了,就给他食物和饮水。在不同的季节,为需要者提供适切的衣物或居所;众生病了,就提供医疗;众生欠缺交通工具,也给予适度协助。

这是最完善的布施,付出的是无微不至的爱。经云:"善能利益一切众生。"这些饶益众生的事,慈济人都做到了。

第三章　无瞋恨行

自觉觉他，得无违拒，名无瞋恨行。

——《楞严经》

菩萨行者在饶益行中为利益众生而广做佛事，但与人相处或共事，观念方法难免不同，为求"善能利益一切众生"，因此在饶益行之后，修行者要修持无瞋恨行。

为什么会心生瞋恨？《三藏法数》云："瞋恨生于违拒。"因为有违拒之念，所以生瞋恨之心。我们一旦违背了道理，不能受教，生起了瞋恨的念头时，即使有人好心要来教育我们，或是眼前有再好的佛法，我们都无法接受。人的心理是相对的，因为一心无二用，既然恨心生起，欢喜心自然消退。

佛心、人心本来平等，只是凡夫一念偏差，所以生起种种无明，污染了心地净土，才会造作诸多恶业，堕入凡夫的境界。而佛陀谆谆教示,从十信、十住到十行,一步一脚印,步步无不都是在牵引我们循着佛菩萨的芳踪向前精进。

修行时时都要提高自觉的心,依照佛陀指引的方向远离迷途,若能如此,才能与佛等觉——平等觉悟。修行者能修得心平气和,自然没有瞋恨心,就能以无瞋恨的心行于人间,所以我们一定要顾好这一念心。

若能自觉,就能觉他。找到了路,不能只是自己一个人走,应该为后来者指引正确的路,和自己一样走对方向。要带领更多人走上这条康庄的觉道,前提是和众生多结好缘,才能吸引人和我们同行。要结好缘必须修无瞋恨行,才不会动不动就发脾气;即使真有什么事激怒了自己,但因为能时时自我提醒要修无瞋恨行,因此怒气也能很快化解,不会放在心里发酵变臭。

人与人相处,难免观念不同,应该心平气和地沟通。并不是观念不同就彼此口角争辩,甚至传说是非。若因为自己的一个心念,引发人人是非纠结,这也是造业。反之,自己能心平气和,自然能消除很多是非,减少人我之间的冲突。

有的人会说:"这只有菩萨才做得到,一般人做得到吗?"只要我们发心,一定做得到。比如印尼慈济人,他们放下早期排华所造成的伤害与心结,以大悲心照顾生活困顿的印尼人,谦卑祥和的身影终于感动上自政府、下至人民,以感恩化解疏离,以爱解开仇恨。现在当地华人和其他族群相处融洽,和谐生力量,真是社会、国家之福。

有什么事做不到呢?只要无瞋恨行,化解怨仇就没有困难。

第四章 无尽行

种类出生，穷未来际，三世平等，十方通达，名无尽行。

——《楞严经》

要修行"无尽行"，经文说得很深奥，但简单来说，就是"随众生之机类而现其身，三世平等，通达十方，利他之行无尽"。更浅白的说法，就是依顺众生不同的根机，随类现身去帮助他们。

此处所说的"众生"，不只是人的身形而已。凡有生命者，蠢动含灵都有佛性。人间本是五趣(天、人、地狱、饿鬼、畜生)杂居之地，在此五趣杂居地中，我们要"随众生之机类而现其身"。比如地藏菩萨发愿"地狱不空，誓不成佛"，即是随地狱众生的类形，在地狱中教化众生。从《本生经》中，可得知佛不仅曾到地狱行度化，也在畜生道中化身为鹿王、象王、鼠王等身形，度化众生。这就是诸佛菩萨随众生类形的不同，而现与其相同的身形去度化。

我们此生是人,在人间也应该"随众生之机类而现其身"。比如遇到有智慧的人,就要用智慧去和他相处,用智慧度;看到有苦难的人,要用慈悲的心态去度他,这就是随众生的根机、类形的不同,运用适当的方法去度化他。

度化众生必须是"三世平等,十方通达"。"三世"是指过去、现在、未来,也就是时间。我们这一念度众生的心,是从过去就发心。从过去到现在,乃至未来,都要恒持这念初发心不变。发什么心?发菩萨心。菩萨心是什么心?是六度心,而六度就包含着万行。意指我们发心要用无量无数的方法去广度众生,从过去、现在到未来,不论历经多长的时间,这一念心永远平等不变。

"十方通达","十方"指东西南北四维上下,即是空间。"通达"意指普遍。因此"十方通达"的意思是,我们度众的身形要普遍到十方,广度群迷。

这分六度万行的菩萨心,无论过去、现在、未来,这念心永不变异,而且要普遍到广阔的虚空中,无处不在,现身教育。能具有这分时间无尽、空间无尽的耐久心志,才是真正的修行,利他之行才能通达无尽。

第五章　离痴乱行

一切合同，种种法门，得无差误，名离痴乱行。

——《楞严经》

十行之五是"离痴乱行"。为什么人会愚痴？因为凡夫杂念心太多。有了杂念，无明乱想纷来沓至，皆是起于一个痴字。我常说简单就是真理。修行本是一条大直道，若能就大道直行，心就不会乱。

其实世间生活本来简单，不外衣食住行。"衣"能遮体取暖，干净端庄就好。"食"能饱腹，一碗饭、两碗饭，几样菜就够了。"住"能遮风避雨，就是生活无忧了。"行"靠两条腿，只要路能通，就可畅行无阻。衣食住行，本来就是这么简单。

但人心复杂，才造成人人心乱情迷，世间纷扰不断，才会如此痴乱。学佛要离痴乱行，必须先去除痴迷的心，才能静下心来。若是心乱、心病了，不只扰乱自己的生活，也会扰乱家庭、社会。所以要照顾好自己的见解、观念、心念，始能去除痴乱，成长智慧。

《三藏法数》解释"离痴乱行"是："谓妙智了达一切法门，虽各不同，悉皆归于一理而无差误。""妙智"是指圆满的智慧，学佛若有圆满的智慧，自然能了解通达道理。一切法门虽然各不相同，其实道理都相通。

对佛陀循循善诱所教示的各项道理，我们是用简单的心来接受，或是以痴迷杂乱的心来听法？若是用痴迷杂乱心，再好的法在我们面前，还是一样会流失掉；若能以单纯的直心来修法，则无不都是妙法。所以要看我们的心能否与道会合。

比如佛陀教人念佛，是不是念一句佛号，万劫沉沦都能消除？并不是。念佛其实是要让我们专注于佛号上，以佛号代替恶口杂念，如此，很多怀疑计较都能消灭。比如遭人谩骂时，若念佛者心想：阿弥陀佛，不能恶口。就不会以恶言回应。或是有人说："某某人在怀疑你！"念佛者就想：阿弥陀佛，我们要相信对方没有坏心。如此就不会造成是非纠结、人我对立。

真正的念佛,是守心于一念,让己心能与佛心相契,而不是仅仅口念佛就能成道。若是一边念佛,一边计较,如此亦是枉然。因此念佛时,必须能将心中很多杂乱的事情化为一念善;心中有了这念善,自然能口善不念恶、心善不念恶、身能行善不造恶。

学佛,就要学得这样简单,所有的道理都归于一理。如此观念就不会偏差,行为也不会错误,如此即是"离痴乱行"。

在《那先比丘经》中提到,佛涅槃之后,佛法在印度还是很昌盛,僧伽修行也很用心,所以国王常常以僧为师。期间有一位弥兰王,很尊敬那先比丘,常请他到皇宫里论道说教。

有一天国王请问那先比丘:"为善要先做,还是之后再做?"

那先比丘反问为答:"请问国王,是口渴时再来掘井,还是平时先把井掘好呢?"

国王说:"当然是先把井掘好,口渴了随时有水可以喝。"

那先比丘再问："那么，平日是先耕田种稻、收获稻谷作为存粮，或是等肚子饿再来种稻？"

国王回答："当然要先耕稻收藏，肚子饿才有米可吃。"

那先比丘微笑了："道理应是如此。所以佛经言：'人当自念作善，于后作善无益。莫弃大道就邪道，勿效愚人弃善作恶，后坐啼哭无益。'"意思是，我们应该常念行善，不要等到祸端降临才想种福消灾，那就来不及了。修行人不要大道不走，故意走弯曲小路，那就不对了；也不要恶事不断，待东窗事发时，再来后悔啼哭，如此亦是无益。

痴乱是一时的心，学道就是要学习调理己心，远离痴乱。心正，道正；心邪，道邪。道不能偏离方寸，心向着康庄正道而行，才能离痴乱心。

第六章　善现行

则于同中,显现群异,一一异相,各各见同,名善现行。

——《楞严经》

《三藏法数》谓"善现行":"由无痴乱行故,能于同类中显现异相,于异相中不见有异,同异圆融,互现自在。"

"由无痴乱行故",要达到善现行是由于无痴乱行。大家要知道,修行,内心必须时时抱持善念;对人对事善解,才能远离痴乱。心若离痴则不乱,能时时善解现前。心能善解,即能在人群中化解隔阂,共同行善。若能如此,在人群中自然就是人人同类。

"能于同类中显现异相,于异相中不见有异,同异圆融,互现自在。"这段文字的意思是,我们若真能够善解,心无痴乱,就能达到佛所说"无我相,无人相,无众生相,无寿者相"的境界。无我相,就不会被骄傲自大所困;无人相,就能不分贵贱贫富,平等待人;不执著众生相、寿者相,就能处处与人合群和乐,圆融自在。

记得有一则慈济人关怀的个案,案家是一对母女。女儿十多年前因感情不顺遂,逐渐精神异常;妈妈身体不好,两人无力无心整理家居环境,以致家中囤积了十多年的垃圾,连她们身上都发出恶臭。

慈济人发现后想去帮助,但是这对母女的家族亲友不但拒绝,还恶言相向,态度非常排斥。慈济人不放弃,还是用心沟通,终于感动家族其中一名成员,愿意居间协调,我们才终于获准进入案家。

当天一群人相约前往。远远的,大家闻到一阵阵臭味,但是慈济人已是经验老到,一到达首先清理住家环境,又协助这对母女清洗身体,最后说服家族成员将这位女儿送医治疗。清洁了环境,也用心解开女儿的心境,这个家庭有了爱心灌注,内外焕然一新。

家族的成员原本内心也像囤积了垃圾,成见很重,但是看着慈济人爱的付出,清扫过程里也将家族人人心中的垃圾全扫出来了,他们深受感动。那位居间协调的成员后来也和慈济人一起打扫,甚至还对慈济人说:"以后你们去居家关怀,要记得告诉我,我也要参加你们的行列。"慈济人的行动,就是现身异类中,我们也把他化为同类。

人人心中有成见,如富有的人有他的成见,我们要想办法去引导他;贫穷的人也有他的成见,自我封闭心门,或是自暴自弃、自我堕落,我们也不放弃他。像前面的案家,我们也把他们的家门打开了,将其亲族的成见转化了,开启他们的心门,成为有同情心的同类。

因为善现行,因此慈济人能"于同类中,显现异相,于异相中,不见有异"。慈济人和此家族成员,一样都是人,此即"同类"。虽是同类,但慈济人"无我相、无人相",因此不会去分别他是不是我的亲人,也不去分别家族成员对这对母女有什么成见。

如果慈济人和一般人一样,认为:你们家族的人都不理睬了,我们又何必去理会?如此就是与一般人相同,但是慈济人没有这样的心。慈济人出现在他们的面前,让他们知道人与人之间应该互爱,何况你们是亲族之缘,这就是"于同类中,显现异相"。慈济人和家族成员的心,一开始是不同的;但在不同的境界中,慈济人将之同化成与我们同样充满爱的心境,这就是"于异相中,不见有异"。

若打开了我相、人相、众生相、寿者相,心胸就会变得开阔,就能有辽阔的心包容一切。因此即使处在不同的人群中,不论是在富有人群中、在贫穷人群中、在恶念人群中,虽处在异类中,却能不让人感觉我与他不同,仍可以和他同坐同行。同时自己还能想办法去同化他,用身行去感化他,这就是"同异圆融,互现自在"。

若能用开阔的心处世待人,不论身在何种群体中,都会受到欢迎。慈济人在富人中受欢迎,是因为慈济人开启富人的心门,充分填满他内心的爱,又引他去造福。而慈济人在贫穷人群中,更是他们生命中的贵人。许多老人也爱慈济人,每当慈济人去养老院关怀时,老人家都会说:"你们怎么这么久才来,我好想你。"这就是因为慈济人具足善现行,所以与人人相处,人人都欢喜。

其实,只要心门打开,同与不同尽能包容,这就是"善现"。不论处在何种环境中,都不影响自己的心、不影响自己所立的志——心是爱心,观世音菩萨大爱的心;志是志愿,地藏菩萨坚定的志愿。能如此,无论身在何处,都是善现行。

第七章 无著行

十方虚空,满足微尘;一一尘中,现十方界。现尘现界,不相留碍,名无著行。
——《楞严经》

"无著行"就是圆融之意。《三藏法数》释文:"无著即无碍之义也。谓由善现之行,充扩圆融,以满空微尘,一一尘中现十方界,而尘相不坏;尘界交现,小大无碍。"

无著,就是无碍。心无所著,无论处在任何境地都没有障碍。没有自我贡高的形象,能放下身段,在人群中富者教之,贫者救之,若能这么做,无论走到何处都会受到欢迎。只要你的心恒持一念善,做任何事都没有障碍,因为人人都会受好事所感动,这在慈济世界中常常听到。

比如二〇〇五年巴基斯坦大地震,慈济前往义诊与发放。从台湾出发的医疗人员与志工携带药品、帐

凡人可成佛 菩萨五十二位阶讲记……

76

棚、毛毯,需过境香港申请签证始得前往灾区。虽然之前巴基斯坦驻香港的外交人员已经知道此事,但当时适逢伊斯兰教徒的斋戒月,巴基斯坦驻香港的外交单位通常会准时下班,以参加斋戒月的活动。

当慈济人从台湾抵达香港的巴基斯坦外交单位时,正是下班时间。眼看此外交单位正要将大门关起来,此时慈济人即刻挺身,挡在门外。自我介绍之外,并以灾民所需刻不容缓为诉求,终于得到巴基斯坦外交人员认同,全力加班配合。

当时签证若无法及时完成,就必须再等三天,甚至一个星期,如此势必影响到救灾工作。但因为慈济人有充足的智慧和爱心,因此有勇气挺身而出。这就是"善现"——及时出现在那个地方。

另外,在印尼与约旦的慈济人,亦透过企业家或皇室管道,为赈灾人员在巴基斯坦当地铺好了道路。会合土耳其慈济人就近采购帐棚,共同抵达灾区展开发放作业。慈济若不是过去已累积丰富的经验,铺设了宽广的道路;若不是在这个空间结了很多好缘,令人肯定、令人信任,我们也无法有来自于不同国家的慈济人,替赈灾小组铺好这条道路,让他们能及时办好手续,并备妥一切物资,适时抵达灾区,到达最需要协助的灾民身边。这就是"无碍"。

无碍是由于"无著",不分种族、不分国界、不分宗教。我们虽然是佛教徒,但是面对芸芸众生,不论他信仰什么宗教,不论他属于什么种族,我们全无挂碍、全无执著。"菩萨所缘,缘苦众生",只要是苦难的众生,我们就要去拯救。因为我们无所著的付出,当然就无碍。

只要你是真诚一贯,从起点不偏差,一直向前走,这念菩萨心就能时时善现,时时圆融无著。能够善现再加上无著,就能将这分爱扩充出去,而且处处圆融,这就是"充扩圆融"。

爱要扩充到什么程度呢? 扩充至"满空微尘"。"尘",是极微细的物质。佛典中称最小的尘为"极微",比"极微"大七倍的称为"微尘",比"微尘"大七倍的称为"金尘"。肉眼尚可见到灰尘,但微尘和极微,已经无法用肉眼辨识了。即使是细如微尘那般小的实体,我们的善行无著、我们的爱,仍要扩充到那里去。

如何将爱扩充至微尘呢？这就要说到"心"了。《佛学次第统编》云："万有之实体真如，唯是一心。"世界一切物质，即使肉眼难见的极微极细之物，仍是具有实体，唯有用心才能知道世间万物中的真体。比如各种细菌、病菌，虽然肉眼无法看见，但能用显微镜看到。显微镜或种种仪器，就是用心去研究、发明后，才创造出来。

"一切诸法，皆于一心中而圆具之"，一切法都在我们的一心中圆满。"是故应了一心圆具之法"，所以无著行要如何在如微尘般细微处圆融呢？答案就是"用你的心去选择"。

参与国际赈灾的慈济人，在抵达灾区后，大多吃不好、住不好。比如巴基斯坦赈灾小组前往赈灾时，因为当地气候严寒，许多人感冒了。为了隔离水气，就在帐棚底下铺着大小不等的石头，因此住的环境也很不好。三餐吃的是小组成员自己煮成的简单食物。

虽然环境很克难，要处理的事项又多，但他们都很欢喜，总是笑声不断。这就是因为他们善解又甘愿,甘愿就欢喜了。这都是一念心,这念心就是爱。

一切唯心造,心向善,心中有爱就事事无碍。在"善现行"之后,一定要有这种无著的心,无我相、无人相、无众生相、无寿者相,做了最好的心灵调整后,即能发挥极细微而无限大的力量。

第八章　尊重行

种种现前，咸是第一波罗蜜多，名尊重行。

——《楞严经》

在"十行"中，每一段经文都相互连接。比如从善现行到无著行，或是从无著行到现在的尊重行，都是前一步踏稳后，才能再走出下一步。可见佛陀的教育是步步踏实，引导我们一步一步走在这条道路上，所以每一步我们都要踏实走。

佛陀的教育中，不论是哪一种方法，前后次序我们必定要用心遵守。要修好"尊重行"，必定要先做到之前的"无著行"。两者的关连，可从《三藏法数》对"尊重行"的释文中得知。

释文云："前无著行中，现尘现界，皆是般若观照之力。般若于六度中称为第一，可谓至尊至重。"

"前无著行中，现尘现界"。尘是境界之意，在无著行中,已经知道万事万物境界各不相同,能在这许多不同中求得圆融,"皆是般若观照之力"。"般若"就是智慧,"观照"是能将事物分析得很清楚。因为能以很微细的心去体会事物道理,所以每一样都能明朗现前,这都是智慧的力量。"般若于六度中称为第一",六度即布施、持戒、忍辱、精进、禅定、智慧,其中最重要的就是"智慧",因为般若智慧能观照天下万物。

时时对大家说,要人和、事和,理就和;人圆、事圆,理就圆,和睦圆满都在人与事中,才能练事会理。在"无著行"中,能藉由人事物来增加我们的智慧。有智慧的人常心存感恩、事事尊重。要学佛,尊重的态度很重要,用佛心看人,人人是佛,这是修行者不能缺少的尊重心。

也一直在说"感恩、尊重、爱",虽然很浅显,但是做人的规则中不能缺少。离开了尊重,就不能产生感恩心;离开了感恩,就无法尊重人;如若缺了这两项,爱就不必说了。爱必须是真诚的爱、是智慧的爱,而不是妄自尊大与自我膨胀。自大妄为不可行,人必定要能缩小、尊重,视自己若微尘,才能尊重他人、才有感恩的心。能如此,处处都能发挥大爱的功能。

佛经中有一则典故。佛世时有一位修行者,他觉得修行是为了离开乱世,除了自修也要教育众生,让人人的心能开解。

他很认真修行,但愈是修行,对社会的乱象愈是觉得忿忿不平,一直觉得怎么大家都那么傻,每个人的心都是堕落的,整个社会一片黑暗。如何打开人的心门,让人人点燃心光? 他思考着要用什么方式引起人注意,只要有人注意到他,来向他请教,他就可以发挥智慧,将自己所知尽数开示。

后来他想到一个好办法,大白天举着一支火把,到处喊着:"人间太黑暗了,太黑暗了,我点燃这把火来为大家引路。"

大家看到了,心里都在想: 这个人到底怎么回事,是精神状态不正常吗?

不过也有人去问他:"明明出了大太阳,外面亮晃晃,你为什么还要拿着火把呢?"

他很开心有人注意到了,就回答:"因为人人的心地都很黑暗,你们见不到光明,所以我要用这把火引出你们心中的光芒,要照亮你们的心。"

听了这话,有的人一笑置之,有的人摇摇头,觉得他很可怜。

无论大家反应如何,修行者仍是每天如此,大白天拿支火把,一直喊着世间黑暗。

佛陀知道了,觉得修行者出发点是善意的,只是所用的方法并不能真正开启人心,这种欠缺智慧的善心,实在有些自大妄为。于是佛陀化身为一位贤者,来到修行者面前,问他:"你真的什么事都知道吗?"

修行者说:"你有什么疑问提出来,我都能回答你。"

贤者就问了:"古代典籍中谈论天文地理,四时调和的道理不知道你懂不懂?"

"这太高深了吧!我怎么知道四时是如何调和的呢?"他回答不出来。

贤者再问:"那么你知道天上星相运作的道理吗?"

他又回答不出来。

"天文地理你无法回答,再问你如何治国。有什么方法能使人人致富、社会祥和呢？假使有外国侵犯，如何调兵遣将？这些都是人间事，你能回答得出来吗？"

"实在没办法！我是个修行者，既不知天文，也不懂地理，至于人间的事，该如何治理国家，如何防范外国侵犯，这些方面我也没有想过。"修行者觉得很惭愧，原来自己所知的事这么少。他放下了火把，以非常惭愧的心向贤者求教。

贤者此时现出佛相，向修行者开示："若多少有闻，自大以憍人，是如盲执烛，照彼不自明。"只是稍稍悟了一点道理，就自以为万事通达，于是贡高骄傲，这不是修行人该有的心态。好比一个盲人拿着火把却看不到路，又如何为人指引方向呢？

心地黑暗的其实正是修行者自己，拿着火把走进都会人群中，那点光亮就像微尘一般，又有谁能注意到。

佛陀的教育，时时提醒我们不要像那位昼执火炬的人，自己内心还是黑暗的，却说要拿着火把为人引路，这是很危险的。所以我们要自我引导，帮助自己走入正确的道路,不要自己看不到路,还想引导人走。好心虽是好事,但是首先要道理分明。

很多人说:"我也很有爱心。"

问他做了些什么?

"我不害人就好了。"

只是这样就好了吗?

有爱要付出,付出了才是爱;不害人只是独善其身,不再兼利他人就错了。每个人所能看到的境界都有限,一个人两个眼睛,能看得多远呢?功能又有多大?光是一张薄薄的纸都能遮住视线。

所以人不是万能的,不要贡高自大。若要真正开启智慧,就要化为微尘人生。一一尘中都有世界存在,能缩小自己,就能进入每一个微尘世界中。

第九章　善法行

如是圆融，能成十方诸佛轨则，名善法行。

——《楞严经》

常说法无大小，每一种法看起来似乎都很容易，其实都含蕴着深奥的道理，而且和我们日常生活息息相关。所以法不分大小、不分深浅，只要能运用在人与事中，都是善法。

《三藏法数》说明"善法行"："谓于妙观慧中，种种明现，以显圆融之德，十方诸佛莫不依此圆融，而为法则。"

能尊重法，就是具有妙观的智慧。面对每一法都能法法尊重，法法平等，这就是"妙观慧"。在妙观察的智慧中，一切世出世法"种种明现"；亦即天地万物宇宙真理，无不都在妙观察的智慧中不断显现。能如此，就是"以显圆融之德"。

常说，人圆、事圆，理就圆，这就是圆融之德。德慧已达事事圆融、人人圆融、道理圆融，十方诸佛莫不依此圆融之德，来作为其教育的法则。

《六度集经》中载有一则小儿闻法解经的故事——

在远古时代，有一位七岁小儿，因家庭贫困而受雇于人牧牛，成日逐水草放牧。一日，他把牛带到一处宽阔的草原，牛吃着草，他也趁机休息。这时远远地听到有人诵经的声音，他心生欢喜，循着诵经声找到一座寺院，没有人来招呼他，他就自己走了进去。

此时，寺院里的比丘正在讨论佛法。牧牛小儿听得入迷，忍不住也提出问题和比丘们论法。对谈间，主讲的比丘觉得不可思议，似乎这个孩子过去生心中就已累积许多奥妙的道理，因此往来对答无所障碍，彼此都感到法喜充满。谈了许久，牧牛小儿才礼拜告别而去。

小儿离开寺院，回到草原发现牛群不见了。他赶紧寻找，一路找到深山里。原来牛群遭到老虎袭击，小儿为了保护牛群，不幸也被老虎咬死了。

事件之后，城中一户大富人家的大夫人怀孕了。怀孕之后，这位夫人忽然能够讲经说法，讲解经文微妙动人。但是村里的人未识佛法，以为大夫人中邪了,所以胡言乱语,大家都很害怕。

有一天,当日和牧牛小儿论道的比丘从大富人家门前经过,仿佛听到微妙说法的音声,就站住了专心聆听,听得满心欢喜。这时,主人从屋里走出来。比丘赶紧上前请问:"家里是不是有人信仰佛法,深谙微妙的佛理?"

主人摇摇头:"我不知道什么是佛法,但是你听到的声音是我的大夫人发出来的。不晓得为什么,她从怀孕开始就一直说一些没人听得懂的话。"

比丘要求和大夫人见面,主人应允了,请他进入内堂。大夫人一见比丘,马上上前顶礼,然后跪坐在比丘面前,两人互相谈论起佛法,谈得极为投机。一旁的主人则一句不识,听得满腹疑云。

两人对谈了好一段时间,才意犹未尽地停下来。看到主人疑惑的表情,比丘笑着为主人释疑:"夫人所说的都是真理妙法。之所以如此,全是因为她腹中的胎儿。这个孩子将来出世,成长后必定是位大智慧者。"主人大喜过望,欣喜夫人并非中邪。

大夫人怀胎十月后,孩子出生了。初生的小婴孩,一落地即是双手合掌、双脚跪地的姿态。生产后，大夫人口说妙法的形态已经消退，又恢复成过去的一般妇女。

听说孩子出生，大群比丘一起前来祝贺，瞻视未来人间的大良导师。日子不断过去，孩子七岁了，比丘群又来到这户大富人家。孩子看到比丘，如同老朋友见面一般，立刻又开始论道了。双方论说无碍，比丘群大为叹服，于是皆从孩童受学。名声传开了，远近人等皆来受教，一时大乘教法广行。

故事说到这里，佛陀对弟子们说："论道比丘即古佛时代修行中的迦叶如来，那位孩童则是我。往昔我从比丘处听闻大乘教法，'赞善开解，心意欢喜不转，精进不忘，深识宿命，自致无上平等正觉。'"

佛陀从前世身为牧牛儿时闻法欢喜，一念道心不退转，不断精进，因而成长智慧，无数世专念修行，直至此生成就无上菩提，成佛度化人间。

比起牧牛小儿，我们每天都在听法、闻法修行，若能尊重法教，功德就更大了。学佛要有尊重心，能尊重法，法法皆善；若法法善法，身体力行，自然善法圆融，广行无碍。

第十章　真实行

一一皆是清净无漏，一真无为，性本然故，名真实行。

——《楞严经》

"真实"，真就是不假，实就是踏踏实实；"真实"也就是我们常说的真如实性。将真如实性力行在日常生活中，就是"真实行"，也称为善法。

《三藏法数》解释"真实行"："谓前圆融德相，一一皆是无为真实之性，然依性起修，则所修之行，无非真实矣。"

此处所说之"前圆融德相"，即指前述之"善法行"中，以智慧圆融种种境界所得的德相，"一一皆是无为真实之性"。将善法行一一展现出来，步步踏实走过来，此称为"真实之性"。

真实之性无有虚假。只因凡夫一念无明，心灵受到污染变得复杂，才产生恶行。现在要把恶念恶行一一戒除,回归真如实性,依循着这条道路坚定前行,则所修所行必定真实。

"然依性起修",即依此真如实性起修。人人本来都有真如实性,只是凡夫受后天污染,所以才要重新开始修行。在修行的过程中,也是依本有的真如实性,才能开始来修行。虽然真如实性已经现前,但是因为走错的路已经很长很远,所以还是要依照清净实性,再从起点修起。"所修之行无非真实",只要真如本性再次提起,然后依教奉行,如此所修的行都是真实的。

"真实行",无非就是要回归自身本性,并以真如实性来向前前进。曾说"真如实性恒住于微尘人生",所以不要放大自己,修行的功夫,就在于缩小再缩小。人要缩小自己并不容易,但只要能发心将真如本性提起,即能透彻真如本性无非就是一个善字。

学佛,善法要用在日常间,不是用说的,而是要用真诚的心去付出、去实行,才能真正回归真如的家——慈悲之心。大爱是我们修菩萨道的方法,我们要亲力实践,这叫做真实行。天下慈济人都是这样在做,既然别人做得到,我们应该也要做得到,大家要真诚用心!

【十回向篇】

回即回转，向即趣向。谓起大悲之心，救度众生，回转十行之善，向于三处：一真如实际是所证，二无上菩提是所求，三一切众生是所度。以能回之心及所回善行，向彼万类，圆满梵行，等入法界也。

——《三藏法数》

常听人说："你做了善事有没有回向？念完经有没有回向？布施之后有没有回向？"念经要回向给谁呢？其实，是回向给自己的真如本性。

自心原本清净，由于后天的习气不断薰染，招致满心无明。如今有因缘接触佛法，法譬如水，能洗涤心灵垢秽，也能回向己心，使心灵再度回归清净。念经重点在听入心，听进去才能有所觉悟，回归清净本性，这才是"回向"之意。

菩萨五十二位阶修行中，经过前面的"十信"、"十住"、"十行"，第四个十位即为"十回向"，分别是一救护一切众生离众生相回向、二不坏回向、三等一切佛回向、四至一切处回向、五无尽功德藏回向、六随顺平等善根回向、七随顺等观一切众生回向、八真如相回向、九无缚解脱回向、十法界无量回向。

"以大悲心救护一切众生,故名回向"。以前我们总认为,学佛只要独善其身就好,现在既然知道佛心与众生心同等,佛陀是悯念众生之苦才来人间;我们既然决定步步向前达到佛的境界,当然就要有佛心,学习佛陀不忍众生苦,发大慈悲心去救度。

前面的"十住"偏向安住己心,离俗向道,离弃五欲。"十行"则是开始行善,虽然已经逐渐培养悲心,但是还不充足,所以在十回向中需要再加强,以建立大悲的志愿。

菩萨的大悲愿绝对不离开人群,心要脱俗,但是身体还是在人群中付出。心要"回小向大",也就是改变小我、自私的心,转而利益广大群生。小我和大我的差异就是"福报"和"福德"的不同,福报是善有善报,虽然是造福,但欠缺智慧,只是为自己谋求利益的福,所以是"小",而且这样的善行无法永恒。现在学佛了,就要懂得将自己的福报回转向大,不能只是爱自己,也不能只是爱人,而是要爱普天下一切的众生。就像环保志工抚慰大地,连大地上的万物树木都爱了,还有什么不爱呢? 这就是大菩提心。

懂得自爱的人就知道要好好修行,要把自己的心照顾好。不对的、恶的,一定要远离;对的、善的,一定要去追求。而且不是为自己追求,是为普天下众生而追求,这就是"回向"。

另外,"回"即"回转",也就是回归我们最初无染的那念道心。"向"是"趣向"之意。众生未度尽,佛菩萨永远都不离娑婆,救度众生就是佛菩萨的趣向;以己修行所得的善根功德回向给一切众生。"起大悲之心救度众生,回转十行之善向于三处,即名回向"。

这三处,一者"真如实际是所证",我们所追求的方向,是真如实际的本地,也就是我们发心发愿的那念初心。二者"无上菩提是所求",我们所求的是菩提之道,也就是正觉、毕竟圆满之境。三者"一切众生是所度",菩提道就是要度众生,不度众生,不利益人群,不算行菩萨道;所以行菩萨道,必定要立愿救度一切众生。

《无量义经》有云:"是经本从诸佛宫宅中来,去至一切众生发菩提心,住诸菩萨所行之处。"学佛要学得心不迷失,保持清净无污染的道心,走在菩萨所走的路,发心立愿处于众生群中,学习释迦牟尼佛永远不舍离刚强的众生。

师父常对大家说:"用出世的精神做入世的志业。"这就是指处众利群,心要脱俗,但是身要在人群中付出。由独善其身转为兼善天下,这才是"回小向大"的真回向。

第一章　救护一切众生
离众生相回向

满足神通，成佛事已，纯洁精真，远诸留患。当度众生，灭除度相，回无为心，向涅槃路，名救护一切众生，离众生相回向。

——《楞严经》

欲培养大悲心，除了利己修行，还要处众利群，所以"十回向"的第一个就是"救护一切众生，离众生相回向"。《佛学常见词汇》释义："化度众生，离众生相，回无为心，向涅槃道，名救护一切众生离众生相回向。"

要"化度众生"就要入群处众，但人群复杂难免是非，彼此摩擦烦恼更多，因此必定要"离众生相，回无为心，向涅槃道，名救护一切众生"。要救护众生，先要离众生相，也就是无执著。

众生形形色色，有的人和我们缘浅，有的缘深。

若看到缘浅的人,心就起烦恼,这是恼恨心;若看到有缘的人,就心生偏爱,这是贪念心。不论是起哪一种心,都是因为有众生相而起分别。既然要行菩萨道,就要放下执著烦恼,转移爱憎分别,这才是清净佛心,也就是"无为心"。

"向涅槃道"。一般人会认为"涅槃"是往生之意,其实"涅槃"指的是寂光土,也就是心很寂静的境地。

若能以此无所求的心平等引导,让人人皆趋向清净涅槃的道路。接着更上一层楼去救护一切众生,使一切众生皆得脱离众生相,这才真正是"救护一切众生离众生相回向"。

第二章　不坏回向

坏其可坏,远离诸离,名不坏回向。

——《楞严经》

"不坏回向",《佛学常见词汇》释义:"正显中道,归趣本觉,回入法身,无能坏者,名不坏回向。"

学佛一定要知道什么是正、如何行正,行事要现出中道。意思是思想要正确,学法同时有所付出,觉"无为"而行"有为"道。"正显中道"就是在教导我们要走正路,才能在教法中显出因缘果报,才能够现出菩萨道就是中道。我们更应该要带着其他人走入中道。

"归趣本觉","本觉"是清净的本性,也是如来真如的法性。修行路上,唯有依照佛陀指示的中道走过来,才能归趣本觉,也就是清净无染寂光土的境界。

"回入法身",人人都有与佛一样清净本觉的智慧,也就是法身。我们以出世的精神,做入世的志业,一定要入群处众,才能在人群中历练而有所觉悟。然而虽处人群,心却不受人事物污染,这就是以清净心入世付出。

好比慈济人投入助人工作,不论付出多少,绝不会想:我做得这么累,到底是为什么而做?也不会想:我来帮助你,你怎么没来感恩我?因为慈济人是甘愿付出,只要能帮助人、只要受苦的人得救就好,不会计较值不值得或吃不吃亏的问题。因为不计较,所以没烦恼。如此,受助者得到欢喜,助人者得到法喜,道心自然不坏。

修行的起点是无为的初心,菩萨道就像一个运动场,因为无明,所以我们曾经脱离跑道,但是只要有决心,生生世世不断努力,我们还是能再跑回本位,回归本觉,重获清净法身。法喜充满,任何外力都不再能破坏我们成佛的决心,这就是"不坏回向"。

第三章　等一切佛回向

本觉湛然,觉齐佛觉,名等一切佛回向。

——《楞严经》

常说心、佛、众生,三无差别,这个心是清净明朗无污染的心,也就是佛心。佛与凡夫的差别只在迷与觉,迷者就是凡夫,觉者就是诸佛。

我们现在虽是在迷的凡夫,但我们有一个"始觉"——开始的觉悟,知道自己应该要回归与佛同等的境界,也就是回归本觉。要以凡夫为起点到达佛的终点,一定要经过"度化众生"。我们从度化众生开始发心,方向不偏差的行于中道,最后定能回归本觉。从始觉到本觉,正是十回向之三"等一切佛回向"所要教导我们的道理。

《佛学常见词汇》释义:"本觉之理,湛然常住,能觉之智,齐于诸佛,名等一切佛回向。"清净本觉与生俱来，生生世世从未离开，所以说是"常住"，也就是无有生灭。能够觉悟的智慧，佛没有比我们多，凡夫也没有比佛少，我们与佛觉性平等。这是"等一切佛回向"的意义，而一切佛就是"本觉"的道理。

在探讨本觉的道理之前，应该先来了解"始觉"的智慧。《三藏法数》解释："谓究竟始觉之智，契合清净本觉之理。理智互融，色心不二，智所现故，是名智法身。"

"究竟始觉之智"，"究竟觉"就是本觉，"始觉"就是开始觉悟的智慧，两者本是一体，只是因为无明烦恼，而迷觉二分，佛凡殊途。现在有幸行入菩萨道，能用始觉来回归究竟本来的真理。两者若会合，则相互圆融。

"色心不二"，心外一切境界皆名为"色"，心能由色而起悟，故说"色心不二"。"智所现故"，心外境界，称谓不定，随着智慧而为其取名。比如"色"之一字，虽然写法相同，但随着各地方言的不同，发音就不同。比如地方话发音便与国语发音不同，中文发音又与日文发音不同，这一切都是智慧的显现。

虽说"色心不二"，但是人人境界总是不同。无论是外面的境界或内心的境界，都是人在分别外面的境界。若能知道这个道理，即名"智法身"。也就是若明白"一切唯心造"之理，即得智法身。

何谓法身？《三藏法数》云："法即轨法，谓诸佛由轨法而得成佛，故名法身。此之法身，在诸佛不增，在众生不减。众生迷之而成颠倒，诸佛悟之而得自在。迷悟虽殊，体性恒一，具足常乐我净，是名法身德。"

简单来说，能得到法、将法拿来利用，就是法身；能将法娴熟地用在自己身上，就是法身德。"得"和"德"，两者是相互为用。学习之后有心得，有心得之后能在日常生活中身体力行，力行之后所显现出来的人格，就是德，也是你自己所得。所以法要去学，学了之后能用在日常生活中，就能培养出好的习惯。

"法即轨法，谓诸佛由轨法而得成佛"，过去佛、现在佛、未来佛都走在此法轨上，不能脱离，才能成佛，如此称为法身。"此之法身，在诸佛不增，在众生不减"，众生因为迷，所以颠倒；诸佛则因为觉悟，而得到自在，然而法性皆平等，诸佛与众生没有谁多谁少。

"迷悟虽殊",迷和悟虽然不同,但是"体性恒一",因为迷的起点其实也是觉,所以两者体性恒一。"具足常乐我净,是名法身德",如能修到时时掌握常乐我净的道理,凡事都不会污染到清净本心,如此就是"法身德"。

不论修行到何种境界,都要从度众生开始。天下众生多苦难,应该用什么方法去帮助他,帮助以后自己能心无所著,还是明明觉觉地继续走在菩萨道路,而且是在中道上。若能如此,才是真正的法身成就,德才能真正具备起来。

知道用什么方法能帮助众生,自己的心又能明觉清净,这就是"等一切佛回向"。

第四章　至一切处回向

精真发明，地如佛地，名至一切处回向。

——《楞严经》

我们的身体，有形的身躯定形在住处；无形的智慧则能遍及虚空。佛陀、圣人的境界，能身定住处，心行普遍于十方，无处不真如；凡夫则无处不幻觉幻想，这就是迷与觉之间的差别。凡夫虽然迷失，离佛道很遥远，但现在有因缘指引，所以我们知道了回归本觉的方向和方法。

从始觉往本觉方向前进，渐渐就能"觉智周圆"，即进入十回向之四"至一切处回向"。《佛学常见词汇》释义："觉智周圆，无所不遍，名至一切处回向。"我们的觉性智慧本具，而且周遍圆满，能到达一切处，无处不在。

《三藏法数》亦说明"至一切处回向"是："谓前能

觉之智，无处不遍；既齐佛觉，则所证真如之理地，如佛不异。"这段释文意思是，只要有觉悟的智慧，就没有地方行不通，没有事情是我们所不知晓，也没有心愿达不成。能体认自己的觉性和佛的觉性完全平齐，内心不再有怀疑，自我印证佛与我觉性平等，就能达至真如佛地。

只是凡夫的心地还不能很明朗，因此这分光明还发挥不出来，但是我们若从始觉开始用功，回小向大，不断前进，就如同磨心镜一般，只要多下一分功夫，就能多增一分明朗；若下足功夫，明镜的本体就可显现出来。

因此经云："精真发明，地如佛地，名至一切处回向。""精"是精明，"真"是真如，真纯清明的真如心境发显出来即是佛地，所以称为"至一切处回向"。

慈济大医王每于国际灾难中参与义诊，他们踏上艰巨的道路，为灾民设想、服务，深入灾区救援。几年前巴基斯坦大地震，慈济派出义诊团队，大林慈院的简守信医师及慈济人医会的叶添浩医师，跟着翻译员深入山村往诊。翻译员的妻子腹泻脱水，两位医师决定为她吊点滴补充水分,却发现少带了点滴的注射针管。

医师们不放弃,靠近病人跪在地上,用一般针筒一次次抽取点滴液,再一小管一小管注入病人体内。为免针头脱落,他们小心翼翼扶着,不敢起身变换姿势;换针筒时总有少许血液渗出,病人鲜红的血滴在医师的白裤上,医师也无暇顾及。两位医师就这样跪了四十五分钟,终于完成了输液任务。原本奄奄一息的翻译员妻子,慢慢恢复了精神。

这不正是无处不遍? 只要心中有爱,再远的路也走到了,再难的考验也通过了,这分爱心,确实是无处不普遍。

第五章　无尽功德藏回向

> 世界、如来，互相涉入，得无挂碍，名无尽功德藏
> 回向。
>
> ——《楞严经》

"无尽功德藏回向"，《佛学常见词汇》说明："一切世界，过恒沙佛，自性功德，重重无尽，名无尽功德藏回向。"

"一切世界"，我们的心要回向至一切世界，也就是佛的世界。这个世界很辽阔，广大无量。虽然如此广大，但在我们心灵的瞬间，就能够普遍到那么多佛的世界去。多少佛的世界呢？"过恒沙佛"。"恒沙佛"表示无量诸佛，数量之多，比恒河中的细沙数目还要多。

"自性功德"，内能自谦即是功，外能礼让就是德。"自性功德"意指要缩小自己，但行动要普遍如恒河沙。处群入众心无所著，要做到无我相、无人相、无众

生相、无寿者相,若能掏空内心的一切执著,不但能自然显现清净的自性,更能包容天下的众生。这必定要从自己的自性下功夫。

能对人人起尊重心,能和人人融会,自己的这一分德能庇荫无量无数的众生心,这就是"重重无尽"。自身的功德又能再去感化很多人,自己的心能去应众生心,自己的身能够度化众生身,身心相应无量众生,因此说是"无尽功德藏"。

自己的心回向在此。因为己心向佛,自身则感化很多众生。因为有无量无数恒沙佛,因此有无量无数众生。当我们的心属之诸佛,身行自然就普遍在诸众生,如此名为"无尽功德藏回向"。

《三藏法数》亦云:"谓前至一切处是世界,等一切佛是如来;然如来则一切世界之如来,世界即一切如来之世界;世界、如来,涉入无碍,功德无尽。名无尽功德藏回向。"

"前至一切处是世界,等一切佛是如来",恒沙世界、恒沙诸佛,我们的心就是应现在诸佛的世界中,应现在诸佛心中。诸佛清净的心,就是我们清净无量的心。

"然如来则一切世界之如来"，释迦佛虽然名为娑婆世界本师佛，但是释迦牟尼佛也是应恒河沙无量无数诸佛世界而来娑婆世界，所以释迦佛也是无量恒沙诸佛其中之一，只是他应诸佛的心而来到娑婆世界。所以诸佛名为如来——真如来去。乘如是愿而来娑婆世界，乘如是行而应众生世界。

"世界即一切如来之世界；世界、如来，涉入无碍，功德无尽。"不论是娑婆世界、西方世界、东方世界，释迦牟尼佛应恒河沙诸佛之心而来到娑婆世界，亦将十方诸佛世界都融会在一起。所说十方诸佛世界，其实散开是恒沙诸佛世界，合一则是一如世界。我们来自佛心，因此若能将心收摄一处，在芸芸众生中行佛行，就能毫无阻碍，功德亦无尽。因此名为"无尽功德藏回向"。

第六章　随顺平等善根回向

于同佛地,地中各各生清净因。依因发挥,取涅槃道,名随顺平等善根回向。

——《楞严经》

学佛者名为福田僧,我们要日日耕福田,往自己的心田好好用功,做一个好农夫,这叫做守本分的修行者。佛陀是耕耘众生心地的大农夫,而我们也有自己的心地,也能自耕心田。我们向大农夫习得耕耘的方法之后,再把自耕心地的方法教导芸芸众生。如此,法传法,因传因,果成果,就能成就一片净土了。若要化秽土为净土,我们一定要做一个很认真的农夫。

十回向第六是"随顺平等善根回向"。《佛学常见词汇》释义:"于诸佛地,起万行因,依因趣果,取涅槃道,名随顺平等善根回向。"

意思是要起于万行,无论过去、现在、未来诸佛修行之初，一切都从因开始，也就是从一颗种子开始。我们自耕耘心地，在这块好的心地播下好的种子，这就是"起万行因"。在用心耕耘后，种子发芽成长，然后开花结果，得到好收成。这也表示我们修行圆满时就能取得寂静涅槃之境，得证果位。此即"依因趣果，取涅槃道"，如此"名随顺平等善根回向"。

此处再深入说明"善根"一词。我们本来与佛平等，与生具有清净真如的种子，只是凡夫因为一念心迷，才会渐离佛道。要转迷成觉并不困难，最困难的在于如何视人人皆平等，相信人人皆有善根。

人事之间，复杂异常。尽管相信人人本具善根，但是各人在六道中轮转，有的人累世习气深重难除，后天的污染又造成很深的污垢；也有的人已经开始往觉道走，知道要擦拭心镜，慢慢在净化心地，培养好的种子。

与此辈众生互动，要如何共事呢？一样要用心选择。观察他的心性、详看他的习气是否已经往好的方向走，如果没有，我们若将事情交付予他，可能一差千里远。这就是我们处众入群时，如何将真正的菩萨行,在人群中以方便的教法一一付托,这不是一件容易的事。

然而正因为众生习气刚强,所以佛菩萨必须等待机会因材施教,以平等的爱心启发众生善根。然而如何应机施教、如何因材施教,这正是菩萨入群处众,如何广开方便度众生的智慧考验。

菩萨如何运用方便度众呢?《三藏法数》阐述第六回向云:"谓于诸佛理地,起万行真因,显证一乘寂灭之道。行从理起,故曰随顺平等;能生道果,故曰善根。"

"于诸佛理地,起万行真因"。常说六度起万行,芸芸众生千差万别的根机,需要以布施、持戒、忍辱、精进、禅定、智慧这六种方法为基础,适应众生根机,展开百、千、万种不同法门去引导。

众生有八万四千烦恼,佛陀即开设八万四千法门以对治,广开方便门。"真因"即是真如本性。从佛的理地起于万行,撒播真如本性的良因,直到调和众生的心为一致,同达诸佛寂灭之境。

"显证一乘寂灭之道"。万法归一,即使是八万四千法门,也是归向于一乘道。所谓"一乘",即指大乘法。修行者在自修的同时,还要去教导众生,这就是上求下化。再来说"寂灭",众生心地本来寂灭,只是烦恼一生,遂造业无穷,且因业受苦。

既然知道苦,也知道苦的来源是集,就要想办法灭苦。好比知道人事复杂,但慢慢从复杂中简化,这就是边修边想灭苦之法。在复杂的人事中,即使自己知道如何分辨是非,但要如何教导众生也能明白是非呢?对于走上歧路的众生,要让他理解何者为"非",了解之后,又要引导他往"是"的路程走。

看到他走错路,若继续让他走下去,就差毫厘、失千里。所以要让他先暂时站在原地好好思考,思考通彻了再向前走。这也像我们修行,许多人都说修行是在迷觉之间,似乎一觉就能成佛。但事实是,即使"觉"了,还要起行。起行之间,如果方向不对,还是要回归原点重新再来。

所以若要"显证一乘寂灭之道",就要知道苦谛与集谛,此刻修行的过程就是在力行灭谛——灭掉过去的非,只留下精和纯。那就是道的本源,也就是真的因。

"行从理起",行就是修行。修行者行于菩萨道由理地开始,逐步向果而去。行从理地起,乘才能起万行。若是没从原点开始,就无法向前进,因此还是要从灭苦做起,还是要先找到业的源头,之后一一消灭它,此称为治,治了之后就能回归于理。这就是"随顺平等,能生道果"。

菩萨随顺众生根机,了解众生,尊重人人,这就是我们常说的感恩、尊重、爱。因为相信人人有善根,相信人人有真如本性,因此我们要感恩他、尊重他。尊重的方法有八万四千种之多,我们就是用这么多方法去爱众生。

离开爱,就无法感恩,也无法尊重,所以要入群处众,须先培养爱,才能尊重人人都有善根、有佛性,也才会有感恩心。无论有什么烦恼考验,我们都一样心存感恩,能如此,人与人之间就没有对立;能没有对立,即是寂灭。因为灭掉彼此种种对立,心自然能寂静。

我们不能轻视人人一念小小的"因"种子,一定要

凡人可成佛 菩萨五十二位阶讲记……

用爱耕耘心地,让它发芽长成果树,就能结实累累了。

总而言之,尽管生活中存在很多的埋怨和烦恼,但只要想到人人和自己一样本具善根,自然就会用感恩、尊重和爱来与之回应。能如此,就是"随顺平等善根回向"。

第七章　随顺等观一切
众生回向

真根既成,十方众生,皆我本性。性圆成就,不失
众生,名随顺等观一切众生回向。　　——《楞严经》

十回向之七是"随顺等观一切众生回向"。众生
各有不同的习气、不同的烦恼、不同的妄念行动,我们
该如何随顺? 处众入群就怕一念心迷失,随着众生迷
转。所以要提起始觉,坚立本觉,守护自己的本心,就
能随众而不迷。

《佛学常见词汇》释义第七回向:"十方众生,皆我
性具,本际平等,无有高下,名随顺等观一切众生回
向。"此段释文指出,十方众生本性与我无异,人人本
来平等,没有高下之分,在圣不增,在凡不减,所以我
们和佛、和众生是一体的。

我们与佛没有差别,众生与佛一切平等。可能有

人听了后会想：佛的境界，我们真的能达到吗？就是因为担心自己达不到，所以才要不断回向，不断回小向大。回向能让我们的心和佛的心贴得更近，更了解佛的境界、佛的心境；回向也能让我们的心贴近众生心，将众生的心拉过来贴近我们的心，这就是上求下化——不断精进以接近佛的境界，不断发心发愿来接引众生。

《三藏法数》亦云："谓既修真因，善根成就，则知十方众生，皆我本性；性既平等，故能成就一切众生善根，无有遗失，亦无高下。"

"真因"即真如本性的种子，修行者既然与这念真如本性不断接近，这念真如本性也会不断成就我们的善根。正如俗话所说："不经一事，不长一智"，任何事物体验之后，就能成长智慧；成长了智慧，才知道十方众生和自己的本性并无二致，尽皆平等。因此，我们也能像增长自己的智慧一般，去启开众生善根，增长其智慧。

行在菩萨道中，才能体会众生苦；知道众生苦，才能入苦难中去陪伴、肤慰，训练自己的这念心能拉长情、扩大爱。长情就是觉有情，既然我们觉悟了众生的苦难,既然我们愿意扶贫脱困,既然我们愿意去解除他们的困难,目的就是希望他们能离苦得乐,希望他们的人生能得到改变,因此,我们要用真诚耐心去付出。这也就是"修真因"。

提起真诚的心,培养善根后,走入群众中实践。若不能体悟众生与我平等,若缺乏感同身受的同理心,怎么能够耐心地为众生付出?

二〇〇四年南亚海啸发生,慈济人在斯里兰卡紧急救灾,后为灾民兴建大爱屋。缘于国情不同,期间要事事对人鞠躬恳请,要求工人配合进度,要求厂商提高建设品质,要求当地政府提供水、电、整铺道路,一切只为了对灾民真诚的爱,体悟众生的苦。

这就是平等、随顺等观。天下有什么灾难,我们一定投入灾难中拯救众生,因为我们尊重众生,佛和我们尽皆平等。等观即是同理心,如同身受,不只是独善其身顾好自己,还会伸出手来照顾大地芸芸众生。

学佛无他,尊重自我始觉之心,不受颠倒迷茫所诱引、污染,并在苦难中发起援助、度化之行,这才是真正的随顺等观一切众生。

第八章　真如相回向

即一切法,离一切相,唯即与离,二无所著,名真
如相回向。
　　　　　　　　　　　　　　　　——《楞严经》

　　"真如相回向",《佛学常见词汇》释义:"即一切法,离一切相,缘生无性,体即真如,名真如相回向。"

　　这段文字告诉我们,修行者应当要离一切相,因为多数人都是在我相、人相、众生相、寿者相中分别。有了分别心,就有我爱的、我讨厌的。是我所爱的就不断追求,不择手段,并且无尽量的供应,无限量的顺从。若是我讨厌的,什么事都看不顺眼,什么话都听不顺耳,看不得对方好,彼此排斥、互相对立。

　　这一切都是心的造作,所以佛陀教我们要离一切相,破除我相、人相、众生相、寿者相,对人我一切不起分别。其实蠢动含灵皆有佛性,我们不只是对人的生命尊重,对万物也都要尊重,而且要爱。一切法归纳

起来,仅仅是一个宽大的"爱"。若能爱护天地万物,尊重一切众生,也就是"即一切法,离一切相"。

无论爱或怨,都是起于一分"缘"。内心执著,很想和这个人在一起,就生起了爱;对那个人起怨恨,就想着如何能舍离,离他远一点不要见面。

虽说爱怨起于缘,但若再深入观照,即可知"缘本无性"。缘在哪里呢? 缘是长的、短的,还是方的、圆的,抑或是动、是静呢? 四周寻觅,求缘不得,当知一切是自己内心在起分别,缘只是一种诱引而已,因此说"缘生无性"。

既然明白缘起缘灭,本无自性,就应该直指本体,因为"体即真如"。我们应该尊重这个"体",人只要有一个形象,人人都自有其真性。真如是我们的本性,寂静清澄,只要我们抛开爱怨的执著,开阔自我的心,尊重每一个个体,明白众生皆有与我同具之真如本性,这种清净无染的大爱,就是"真如相回向"。

要回归真如,就要"离妄"。《三藏法数》云:"离妄曰真,不异曰如。谓一切法,性本真如,不即不离,二俱无著,则真如相现。"

修行一定要找回自己本有的真性。离开妄念,回归真如,即"离妄曰真"。"不异曰如",意即只要不受外面的境界污染、诱引,就和佛性同等无差别,没有妄想颠倒,这是最真纯的本性。本性真如,不缠著、不远离,二边都不执著,纯真至善的本性即能显发。因此,佛经中说:"即一切法,离一切相,唯即与离,二无所著,名真如相回向。"

"即一切法"就是要贴近佛法,法性清净如水,善用法水洗涤,就能离垢回清。"离一切相",心中有大爱,就不会去分别贫富贵贱。"唯即与离",我们是与法贴切,还是远离了法、背理合尘?"即"是善法,"离"是恶法。其实"即"与"离"二无差别,无论恶法善法都是法,但是自己要知道什么才是正确的。

以水为喻,善与恶同为水性,但造成的力量不同。水可以成泡,也可以成大浪。南亚海啸之所以发生,就是因为地震为助缘,导致地层断裂,才使海水成啸,酿成巨灾。善恶同样是出自一念心,但只要自己能回归正确、觉悟的本性,就不会走错人生的路。

"二无所著",其实人人迷中有觉,觉中有迷,因此不能说我是觉的人，你是迷的人。端看自己如何运用"觉"去消灭"迷"。觉迷同为一体，如同手心和手背本为一体，只要两相会合，互为合掌，这个觉就是一体。

所以我们真的要体会，人人本觉自性是真如。没有污染，显现出来的就是静寂清澄，志玄虚漠，这样的境界多么美。

第九章　无缚解脱回向

真得所如，十方无碍，名无缚解脱回向。

——《楞严经》

在十回向中，不断强调我们要从事事挂碍、事事执著、凡事计较的凡夫无明心境，将之回小向大、转迷为觉。若能觉悟，心就不生计较；虽然心不计较，但是深信因果，不能拨无因果。学佛，就是要用自性真如去启发人人本具的真如本性。而真如不离日常生活，它是一种心境的体现。

十回向此刻已进入第九"无缚解脱回向"。《佛学常见词汇》释义："诸法本空，心无缚著，于根尘中得大解脱，名无缚无著解脱回向。"

我们的心境应该无有缚著，不要执著现前的境界，因为执著很辛苦。若执著自己的见解，凡事只有我想的才对，我做的事才对，存着此种心态的人无法处众入群,难以与人和睦共处。所以,不要受境界缚着,不要在人事中存执著。

"于根尘中,得大解脱"。根,即眼、耳、鼻、舌、身、意六根;尘,即外在的环境。只要心不受缚著,不论身在何处,都能身心解脱。敬重人人,不生计较;处处善地,不生分别。在慈济人身上已经能看到此种"于根尘中,得大解脱"的人间菩萨。

比如慈济医院的医护同仁,除了平时做好救治病人的工作,闲暇时间更参与义诊、往诊,到交通不便之处,为病患提供医疗服务。更甚者,医疗结合慈善,遇上家境困难、居家脏乱的案家,也自己卷起袖子来帮案家打扫,为案主清理身体。

难得的周休二日,成为精进的周"修"二日。面对着脏臭、虫蚁乱窜的考验,医护同仁们见苦知福,反观出自己生活的幸福富足;放下身段,从协助他人中得到无限欢喜。

这就是"于根尘中,得大解脱"。排除了染净的分别,发出真心去和病人互动。只要培养足够的爱心,就能具足这一分修行的心境,这就是"无缚无著解脱回向"。

　　法,不是用说的,必须实际去做,才能真正体会到法喜。世间虽然复杂,但是心灵若能跳脱,就不会受环境所束缚。内心若有一分真诚智慧的爱,不论身处何地,心都能轻安自在。这就是菩萨的世界,也是佛的净土。

第十章　法界无量回向

性德圆成，法界量灭，名法界无量回向。

——《楞严经》

一再对大家说，回向就是要回入我们的真如本性，也就是回小向大，脱俗入群。脱俗入群的"俗"，指的是凡夫的境界。人间纷纷扰扰，爱恨牵扯不清，这都是世俗。我们学佛，一步一步向前进，必定要脱离俗情，割舍世欲，精进向前，才能回归真如本性。

真如本性开阔无边，境界之广，如《佛学常见词汇》对第十回向之释义："性海圆成，心等法界，含摄周遍，量等虚空，名等法界无量回向。"

"心等法界，含摄周遍"，意指心要等同法界那么宽广，无所不包，无所不至。这也就是我常说的"心包太虚，量周沙界"。我们要扩大心胸，将心伸展到只要有一粒沙的地方，就有我们的爱到达。

真如遍达法界则是"量",法界有多大,心量就与之同大,所以说"量等虚空"。如此名"等法界无量回向","等"是等同、齐大;法界有多大,真如本性也与之同等之大。"法界无量回向",就是要我们心量开阔等同法界。

《三藏法数》亦云:"谓所证性德真如之理,圆满成就,含摄遍周,其量无外,十界差别之相,了不可得。"

"所证性德",因为"性"能证悟,所以说修行证果。该如何修呢?修行初步要从"内能自谦,外能礼让"开始。对内要用功,亦即内心要不断缩小自己、谦虚自己,不要自大。若是膨胀了自己,人人都无法容纳我;若能缩小自己,天下空间任我遨游,人人的世界都有我。甚至要缩小到能进入人家的眼里,能进入人家的心坎里,让别人心中常常有你的存在。谦虚修行听起来不难,却是个大功夫。

对外要礼让,遵守礼节规矩,退后一步海阔天空,这就是德。所谓功德就是,下什么功夫,就得什么德。所得的结果、德行能让人接受,此称为"证果德"。

"真如之理",内谦外让,内外合一,若能养成此种开阔心胸,则无处不包,无所不容,这分包容的心就是真如之理。人格成,佛格即成,真如之性"圆满成就",

所以能"含摄遍周"，也就是周遍法界。"其量无外"，能包容涵盖的范围无限广大。

"十界差别之相，了不可得"。"十界"指四圣六凡，四圣是佛、菩萨、声闻、缘觉。佛和菩萨是大乘行者，自利兼利他，自度也度人。声闻、缘觉属于小乘，独善其身，清净自己。因为声闻、缘觉已经脱俗，所以也称为圣人。六凡是天、人、修罗、地狱、饿鬼、畜生，都在五趣杂居中，由不得自己。其实若用佛法来解释，十界都不离开人间。

我们若发心学佛，就要依照佛陀的教示修习，走向菩萨的道路，事事为众生设想，不忍众生受苦难。如此，我们的心、真如的本性，就遍行在诸菩萨的境界了。四圣的界限其实在人间，修行者离四圣之境并不远，端看自己在日常生活中是否用心体会。

一代修行师表印顺导师说："佛法不离此时、此地、此人。"我也说"时间、空间、人与人之间"。过现未来，四维上下，无不佛法充满，无不普遍真如本性，只要自己能用心体会。若能体会自性真如普遍，且启发人人真如自性，就是"法界无量回向"。

【十地篇】

十地者，谓菩萨所证之地位，一切佛法依此发生。然地位有浅深，故始自欢喜，终至法云，分为十地。

——《三藏法数》

修行就是要步步精进。当我们开始发心，为自己、为众生而修行时，看到众生的苦难，一则可警惕我们人生无常，当及时精进；再则能加强我们的愿力，致力将充满苦难的人间秽土转为净土，带动人人转小回大，回归自我心灵的风光。

前面说的十回向，就是要我们回归心灵的风光。人人都有与佛同等、清净无染的真如本性，但心地清净的风光究竟是什么样子呢？因此接下来就再来了解"十地"的心灵境界。

"十地"名称出自《楞严经》，包括第一欢喜地，第二离垢地，第三发光地，第四焰慧地，第五难胜地，第六现前地，第七远行地，第八不动地，第九善慧地，十是法云地。现在开始，就要脚踏实地，进入自家的心地风光。

我们一路走来踏稳心地。所谓心地，佛陀一一为我们分析，要让我们更清楚，于是列出"十地行"，让我们更有方法稳稳地稳住心地。佛陀同时也教我们身体力行，可以很安全地实行，心地就能渐次开阔。

第一章　欢喜地

于大菩提，善得通达，觉通如来，尽佛境界，名欢
喜地。

——《楞严经》

"欢喜地"，顾名思义就是心地欢喜。《三藏法数》云："谓菩萨智同佛智，理齐佛理，彻见大道，尽佛境界，而得法喜，登于初地。"

何谓"菩萨智同佛智"？ 常说心、佛、众生三无差别，众生和佛都同等了，何况是菩萨。就心而言，佛菩萨和凡夫的确没有分别，因为凡夫清净的心就是佛的本性，佛的本性就是无染的智慧。三者的区分在于污净程度有别，但本质上相同，只是应用有差别，所以才别出名相。

"理齐佛理"。"理"就是法，指佛法的真理。菩萨接受了佛法，以佛所教导的理念去实践，和佛同一个目标，因此所体现的真理也等同于佛的真理。佛在两

千多年前所说的道理，和佛所说过去诸佛发心修行所体现的道理完全一样；道理流传至今，虽然源头已经很远了，但还是一样的法、一样的真理。

如同清净的水，如果不去污染它，即使时隔数亿万年，依然是清水。比如慈济为投入国际赈灾，搜罗开发多种赈灾相关机具，其中之一是净水机。有一天，为进行净水测试，遂抽取部分精舍莲花池的淤泥污水。污水经过净水机过滤后，流到干净的桶子里，已成为清澈见底的净水。测试人员将水装入透明宝特瓶内，拿到实验室分析后，果然是安全可生饮的水。

那么污浊的水，在过滤后就能生饮。这证明水性相同，水质原本清净，只是环境污染了水。但是运用现代科技，又让它回复清净的本质。佛法的道理也一样，只要众生的心灵能理启事通，很快就能回归本地心灵风光。

届时"彻见大道，尽佛境界，而得法喜"。内心所体会的、智慧所理解的，都是真佛境界。行于理中，内心踏实欢喜，不论世间有多少烦恼或不如意事，只要心能彻见大道，就无不都是佛境。

无论做什么事,只要能保持欢喜心,即如同身处佛菩萨的境界。就如医疗志工常说"病人的笑容最美。"医疗人员和志工费尽心思要减轻病人的痛苦,身病心苦能一一化解,病人露出笑容,表示医治方法奏效,安慰的话语说对了,所以病人欢喜了,我们也为之感到高兴。这样的境界即如"菩萨欢喜地"。

经云:"于大菩提,善得通达,觉通如来,尽佛境界,名欢喜地。"我们的心若能通达佛心,自然心无烦恼,无烦恼就是轻安自在,法喜充满。所以"欢喜地",就是证悟佛理得法喜。我们的心清净了,贴近佛的境界,此即是"登于初地",进阶到菩萨十地行的第一地。

第二章　离垢地

异性入同,同性亦灭,名离垢地。　——《楞严经》

十地行之二是"离垢地",《三藏法数》释义:"由尽佛境界,明了诸法异性而入于同,若见有同,即非离垢;同性亦灭,斯为离垢。"

"尽佛境界"四字,在欢喜地中已说明过。我们的心若进入佛的境界,对各种法理的了解就能很明朗。因为"尽佛境界"之故,而"明了诸法异性而入于同"。

何谓"诸法异性而入于同"? 众生烦恼八万四千,所以佛菩萨也施设八万四千方便,以适合该类众生的方法引导他,使之回归于同一目标,也就是去凡成佛。因为佛陀是因应众生的烦恼不同而设种种法门,"法"遂随着烦恼而有分别,因此净垢有异,就不同了。其实法本来清净,只是因为烦恼污染了清净,所以变成"异"。

再以慈济慈善志业为例说明,让大家能由事入理。佛陀教导我们要提升平等观,不分别他是富贵或贫贱,要怨亲平等,于一切众生起慈悲心,无彼我相。因为人人本性原本清净,只是业力牵引,以致烦恼丛生。

我们的心若修到与佛境界同等,自然能视一切众生平等,没有差别。心虽然怨亲平等,但是当我们要去救人,或是要净心时,还是要用种种方法。因为众生苦难千差万别,心灵的无明烦恼更是无量无数,若要消除众生的苦难,必定要用各种方法。

慈济人若执著于平等观表面之说,而不想方设法去济助,只是在原地一味的说着"爱"或"可怜"的词句,这样能从台湾去到巴基斯坦,扶助受地震灾害的灾民吗?能从世界各地去到南亚海啸灾区安顿亟需救助的人民吗?能从美国各州齐聚新奥尔良去拥抱遭受飓风侵袭的百姓吗?不可能。所以一定要有方便。

首先要倚靠飞机或汽车种种交通工具,去接近灾民。之后要为灾民付出时,也要运用适合的方法,所以方便就是工具、就是方法。但使用何种工具或方法，须视苦难的情形而定。

视苦难情形而决定使用的工具或方法，就是"法随烦恼而有分别"，就是"因应不同烦恼而开设不同法门"。不同的方法和工具，就是"诸法异性"。"而入于同"就是不论使用什么方法，都是为了让众生离苦得乐、去凡成佛。法门虽异，归趣却同。

"若见有同，即非离垢"，真理寻到了，实践就对了，其他不必执著；若是执著，就是镜子上还有灰尘污垢，虽可照物，却不清楚。"同性亦灭，斯为离垢"，一定要把最后的一点点执著都放下，镜子拭净离垢，所照即清晰明朗。

学佛，就是从复杂的烦恼中，接受佛陀的教法而能自弃烦恼，丢掉种种烦恼，提升心灵的品质。

第三章 发光地

净极明生,名发光地。　　　　　——《楞严经》

我们的心若能去除垢染,回归天真本性,时时欢喜,就没有其他烦恼。可是一旦无明来袭,心中烦恼遮盖天真本性的光明,心地黯淡无光时,该怎么办呢?只要心地能是非分明,就能烦恼尽除,自然寻回心地光明,此之谓菩萨十地之三"发光地"。

发光地者,《三藏法数》释义:"谓同异情见之垢既净,则本觉之慧,光明开发。""情见",是依情分别之见,有爱恶情仇各种不同表现。这些分别如果都能去除,染垢涤净,就能生出清净智慧。"本觉之慧光明开发",是非分得清,真如慧光明朗,人人本具智慧的光明就能开发。是故经云:"净极明生,名发光地。"心地达到最清净的境界,慧光辉耀,即是发光地的示现。

如同一块璞石,外表裹着沙土,看起来只是普通粗糙的石头,但是懂石头的人拿它钻研琢磨,表面粗质磨掉后,里头光滑明亮的玉质或矿藏就显露出来了。继续精雕细琢,就能成为价值连城的玉饰、珠宝或钻石。

人人都有心地光明,可惜常被烦恼情见所蒙蔽,才会发不出本质光芒。

有一则新闻发生在台湾宜兰——事主游太太,先生罹患肝癌往生,两个女儿已经出嫁,唯一的儿子和她相依为命。不料飞来横祸,一群年轻人打群架,她的儿子只是看到,混乱间却被误认为同党,惨遭殴打致死。

游太太非常痛苦,精神崩溃了,买了假人穿上儿子小时候的衣服,就把假人当作儿子,整天都抱着哄着。第一次案件出庭时,她在皮包里藏了一把刀,决定在法庭上为儿子报仇。幸亏家人发现,阻止她的偏激行动。

而后杀人案定罪,对方十五岁少年被判入狱服刑。

两年后,有一回游太太参与青少年观护义工的活动,意外得知杀她儿子的杨姓少年来自一个困苦的家庭。杨父多年前因一场车祸截肢残障,杨母靠贩卖玉兰花维持一家生计,无暇管教孩子,杨姓少年则误入歧途,犯下重罪。

将心比心,游太太对杨家慢慢产生同情,内心的恨也慢慢冷静下来。她想:"我的儿子已经走了,对方的儿子这样,他的母亲比我还可怜!"

几年下来,游太太的心境逐渐转换。命案发生三年半后,有一天她决定去探监,看看杨姓少年。她的亲人都认为不应该,但是她还是去了。

此时杨姓少年已经十九岁,即将成年,这几年在监狱里自己也深深反省。他很惊讶游太太竟然来看他,于是当场向游太太下跪忏悔,请求原谅。游太太看到眼前的年轻人和自己儿子年纪差不多,又是这样真诚求忏悔,于是告诉他:"我来看你之前就已经原谅你了。"说完就把他抱在怀里,像自己的儿子一样关心他。

回家后,游太太时常写信到监狱里鼓励这个孩子,希望他将来回到社会能重新做人,回馈人间,用爱弥补过去无知造成的伤痛。

就这样，她走出了心灵的阴霾。这真是大智慧，也解脱了情见的捆缚。这就是智慧光明开发，脱离无明烦恼，净极明生，是人间活生生的发光地菩萨。

要发挥这分智慧，用力磨出心地光明来，实在很容易，只要心境一转就不困难。困难的是自己转不出来，受情见纠缠，那就苦不堪言了。不只是苦自己，甚至会连累到别人。所以，学佛无非是学如何让自己远离尘垢、去除污染、破除无明，以回归心地光明。

第四章 焰慧地

明极觉满，名焰慧地。　　　　——《楞严经》

修行，无论寒暑都保持同一心境，发愿如初，就是最清净的心。

前面说"发光地"，发光之前要离垢，去除所有不好的习气，心地才能清净，清净才能发光发亮。但是光的强弱有差别，若是污垢擦得愈干净，光亮自然就愈强。所以菩萨十地之四是"焰慧地"，不只是发光，而且光焰灿烂。

"焰慧地"，《三藏法数》云："谓慧明既极，则佛觉圆满；觉满则慧光发焰，如大火聚，烁破一切情见。"智慧达到顶极时，也就是佛性觉悟圆满的时候。

凡夫心地黑暗，无法理解外面的境界，所以时时做出糊涂事。现在学佛了，应该背对无明，面向慧光，一步一步向着智慧的角度前进。多闻可以启发智慧，不论经典字面上的意思或是内容涵意,我们都要用心听,破除世间一切人我相,了解天地万法归一,就能成长智慧。智慧到达极顶明朗时,就是佛觉圆满时;觉悟圆融,慧光自然炽焰,光亮发散出去。

运用智慧,在千钧一发的时刻,可以帮助我们化险为夷。胡光中先生,是旅居土耳其的台湾人,因为一九九九年土耳其大地震的因缘结识慈济。受到进入土耳其救灾的慈济人所感召,尽管身为伊斯兰教徒,他还是毅然投入佛教慈济此一慈善团体,成为慈济土耳其会务的负责人。

从此结下不解之缘,除了地震后慈济为土耳其灾民兴建大爱屋,在当地发生台湾人旅游意外,或是临近土耳其的国家发生灾难,都能看到胡先生付出的身影。

二○○一年,美国发生震惊全球的"九一一事件"。双子星大楼瞬间垮下,对恐怖攻击的恐惧,以及对中东国家报复的心态,却节节上升。

以恨不能止恨,以爱才能化碍。慈济因而推行"一人一善,远离灾难——爱洒人间"长期运动,并且制作了名为《爱洒人间》的歌曲。优美的歌词，"繁星依然闪亮，明月依旧无言，温柔的光来自心愿，慈悲是大爱的家。他们默默怜视着人间，他们不忍地球受毁伤，他们心疼苍生多苦难，他们永远陪伴肤慰人间"。

即使人间存在黑暗与不圆满，但是天空中还是有闪亮的星光，为众生带来希望。慈济人秉持慈悲，无论何时都在肤慰陪伴这些受伤的心灵，抚平伤痛苦难，更愿启发人人心中本来都有的爱。

当时我们希望这首歌能译成各种语言，让不同的族群都能感受到这分爱，接收到这分关怀，抚平仇恨的心态。翻译阿拉伯文方面，就想到土耳其的胡先生，而他也义不容辞接下任务。

他很用心翻译。翻译好了，他担心自己在辞意及押韵各方面表现不够理想，于是拨打国际电话到巴勒斯坦给一位大学时代最好的同学，请同学帮忙他修润歌词。两人在电话中反覆斟酌，前后花了四十五分钟时间才研究好这首歌词。

挂上电话，胡先生和太太孩子还自行试唱、录音，一直到感觉满意才休息。

天亮了，胡先生照常开车出门上班。车行间，忽然有四部车子前后左右包抄他的车，他想是不是遇到了强盗？没办法只好下车了。一下车马上被推进对方其中一部车里，头脸也被罩住，过了好长一段时间被载到一个地方。

另一方面，天黑了，家里的人却等不到他回家，这是从未有过的事。太太十分着急，赶紧不断打电话给认识的朋友，朋友们分头去找，然而毫无音讯。太太终于从土耳其打了电话回台湾，宗教处的同仁们得知消息后，大家都非常担心。

而在胡先生这边，他被带到一个小空间里，强制换掉了他身上的衣服，接着就有人来审问他。

问他到土耳其多久了？他回答五年。

"已经五年了，为什么不会说土耳其话？"

"因为平时做生意，客户都说英语和阿伯拉语，所以土耳其话我会听，但是不会说。"

审问的人一听到"阿拉伯语"好像很震惊，就问他："你是不是穆斯林？"此时胡先生已心中有数，但还是回答："是，我是伊斯兰教徒。"

接着,他老实将在台湾的生长背景,留学利比亚,之后选择在土耳其定居经商的过程全盘托出。

审问的人终于导入正题:"你打电话到巴勒斯坦,一直用阿拉伯语交谈,到底在密谋什么,你们说的密码是什么意思?"

"密码?什么密码?我们是在研究一首歌词。"

"是吗?那为什么会提到'星星'、'月亮',这些都是阿拉伯世界常用的象征。"

"是的,那是一首歌词,曲名是《爱洒人间》。让我把歌词的意义解释给你听……"胡先生这时整个人已经慢慢放轻松了,知道对方应该是抓错了人。于是又细细把慈济发起"一人一善"运动的缘由,并制作歌词的缘起向审问的人说明,还把慈济这个团体在全球的善举好好介绍了一番。

审问的人已经相信了大半,最后说:"既然是一首歌,你唱出来听听看。"那有什么问题!他大方地唱了。

对方趁着这段时间,实际查证了慈济这个团体,果然都符合胡先生所说。终于表明他们的身份是秘密警察,很抱歉怀疑胡先生是恐怖分子,抓错人了。

看到胡先生临危不乱的风范,有时还调皮幽默一下,他们很佩服胡先生,也对慈济有很好的印象。所以在释放胡先生之前,其中就有人说:"我也要捐款给慈济。"

胡先生说:"太好了! 那请你留下姓名资料,慈济团体诚正信实,我们会开收据给你。"

"什么? 我是秘密警察,怎么能留下'资料'呢! 以后在你家信箱发现了钱,那就是我捐的了。"大家相视一笑,彼此心照不宣。

之后胡先生换回自己的衣服,又被戴上头罩,车子开到高速公路路边让他下来。秘密警察摆摆手:"那就不说再见了!"车子遂扬长而去。

如此危险紧张的时刻,到底如何面对? 依靠的就是一股定力智慧,胡先生临危不乱,处变不惊,确实展现了极顶智慧,如菩萨之"焰慧地"。

第五章　难胜地

一切同异所不能至，名难胜地。　——《楞严经》

人间事条条难，最难的就在人心调和。很多事情很简单，但自己的心却跨不过去，陷入情见分别中——若是我所爱的，对他就有感情；若是我所讨厌的，对他就有严重的偏见，有偏见就容易起摩擦、冲突。所以佛陀教育我们，一定要往内心修。修好一念心，把心结打开，就没有一样行不通。

十地行之五是"难胜地"。难，但是能胜过；虽然困难，但是能承担并且超越。《三藏法数》释义："谓由前焰慧，烁破一切情见，其同异之相，皆不可得。即是诸佛境界，无有能胜。"

前面第四地是"焰慧地"，慧光明照就能"烁破一切"，所有情见之别、同异之相皆打破，这就是最殊胜的、没有更殊胜的佛菩萨的境界。

"烁破一切情见"，这个情字实在很复杂。人与人之间都有一分情，有可爱的情、厌恶的情等等，情就像绳索，不论是什么情，一沉迷就纠缠不休，缠得人很辛苦。人的情若能单纯，就不会有许多情感的绳索困扰我们、捆绑我们。

什么时候的情最单纯？曾说过菩萨要有赤子之心，赤子之心比成人的心清净多了，所以赤子的情见也很单纯。

在一次慈济委员培训的圆缘会上，许多人说出他们的心路历程，虽然家家都有本难念的经，情感的牵扯，人生的坎坷，但是他们也都一一克服。

其中有一位委员分享自己九岁儿子的故事，很令人感动。孩子的老师参与慈济教师联谊会，时时都会以"静思语"教育学生，孩子不仅自己受用，回家也会和家人共享。

有一天放学，委员的儿子和同学一起走在路上，突然被一部计程车撞倒，两个孩子都受重伤。委员的儿子尤其严重，送医急救后进入加护病房，全身插满管子，一直是昏迷中。

孩子的老师、同学多次前往探视，老师带去我的照片让孩子握在手心里，并在他的耳边说了许多"静思语"，鼓励他赶快好起来。

几天后孩子终于醒了，他对妈妈说："'师公（编按：证严上人）'有来看我，他摸我的头，说我会好起来。"妈妈喜极而泣，答应他："等你好了，一定带你去见师公，让师公摸头。"

恢复期间，另外那位受伤孩子的家长，一直来这边商讨控告肇事者的事。委员很挣扎，既有不甘，又觉得慈济人应该多原谅别人。

后来委员的儿子伤势稳定已转普通病房，肇事者就来看他。肇事者对孩子说："小朋友，你要原谅伯伯。伯伯不是故意的，请你原谅我。"委员坐得老远都没出声，孩子却牵起肇事者的手说："伯伯，我会原谅你，因为老师常教我们'原谅别人，就是善待自己'，我也会请妈妈不要告你。但是伯伯你以后要睡饱一点，才不会开车想睡觉再撞到别人。"九岁的孩子多么有智慧！一边的妈妈听了，心里大受震撼，于是决定不提告诉。

圆缘会上，委员继续分享原本自己个性暴躁，但是和孩子一起在"静思语"的熏陶下慢慢改变，更感恩儿子的鼓励才投入委员培训的行列。如今，她已经是位正式的委员了，孩子的伤陆续还需治疗，不过孩子十分乐观勇敢。

　　虽然只是个孩子，一切情见却都破除掉了，能使妈妈纠结的心解开，能将心比心原谅肇事者。不要太计较，凡事都没有什么得与失，这就是诸佛的境界。学佛，只要情关过得去，道道关卡都好过；只要将异同的情见解开，就没有什么不可能的事，难胜而能胜难。

十地篇

第六章　现前地

无为真如，性净明露，名现前地。　——《楞严经》

十地行之六是"现前地"。《三藏法数》云："谓由前同异之相，既不可得，则真如净性，明显现前。"既然无同异之相的分别，则真如清净的本性明白显现。真如就是本性、佛性，如同电灯只要不被遮住，就能散发光亮；但若被遮住或污染了它，就显不出光亮来。同理，异同之相若能去除，真性就能很明显地表现出来。

其实，众生和佛的差别只在染净而已。污染时是凡夫，清净时就是佛；有私己的心就是凡夫，无我相的心就是佛。是染是净，只在情见。迷于情见，无明丛生；破除情见，平等净智。

情很复杂，除了亲情、怨情之外，还有自己的情绪。面对很情绪化的人，有时有理也说不通；甚至自己情绪上来时，自己也同样理不清——因为不知道是被自己的情绪缠住，或是被外在的人事所困扰。但是只要智慧清净，就能破除情见。

如何才能区分出私我和大我？前提是要有一个大环境。因此之故，我常说慈济是一大事因缘所成就。是什么样的一大事因缘？破除众生身心烦恼，开启人人与佛平等的爱。我们既然是佛的弟子，就要担起如来家业，这就是我们的一大事因缘。为解除天下众生苦难而设立慈济、成就慈济，所以慈济人的任务就是拥抱天下苦难的苍生。

但众生有的是心的灾难，有的是身的灾难，虽然面对这么多的灾难，慈济人还是亲自走入灾区，抚平众生苦难。比如二〇〇五年八月底，美国新奥尔良遭飓风侵袭，受灾严重。慈济人除了给予有形的物质济助外，更重要的是长时间的持续关怀陪伴。

许多慈济人为了关怀灾民，往往要开车长达八、九个小时才抵达灾区。如此长时间的关怀、肤慰、陪伴，若不是现前地的菩萨，谁做得到？若不是真如的本性、平等的智慧已经发光了，谁做得到？

因为不舍众生苦难而愿意付出再付出，完全不顾自己的辛苦,这不仅是难胜地,也是现前地。因为慈济人能将这分佛性体用,用在芸芸众生中,因此哪个地方有困难,慈济人就现前在那里。

现前地的前二项是"焰慧地"和"难胜地",智慧发光,困难都已解决,本性光明也应该现前了。如同黑夜过去,太阳出来了,大地上森罗万象都显现出来。同样的意思,我们的本心有无限风光,有无限量的潜能,只是外在的境界使我们混淆,以致看不清楚心地风景。

本心风光是什么呢?包容。包容就是将同异之相完全含纳在一起,去除了分别的念头。亲爱之相不执著,仇恨之相也能排除,一切都是因缘会合,只要了解自然法则,就能舍弃分别执著,展现心地智慧光明。

所以经中说,"无为真如,性净明露,名现前地"。人人纯真的天性完全相同,没有分别心,如此佛性、真如自然现前。"无为"就是过去、现在、未来心皆不可得,只是感觉而已,没有实质形相,我们若能不执著,这就是真如。一切情见破除了,就没有私我,回归清净本性。真如无为,本性清净了,自然内心光明就显露出来。

人间的爱恨情仇牵连不休,造成心灵的灾难。尤其脾气暴躁,动不动就发火,动不动就记恨,这都如同心灵土石流或是火山爆发。人心不平安,大地就多灾难,要救灾的人疲于奔命更无从救起。因此,要自救,要自己平复,自己重建。再加上有缘人的引导,让他看清世事真相,他自然能反省,能反省就是心灵自救。

菩萨的现前地,是对人人的本性心地妥善建设,不要发生土石流,也不要火山爆发,更不能引发水灾或是刮大风。如此,我们的心地风光本来就是那么美,只要明明白白显现出来就可以。

第七章 远行地

尽真如际,名远行地。 　　　　　　——《楞严经》

佛陀亲证人间百态而觉悟,因此能指引凡夫迷津。凡夫沉迷,需要佛陀引导,人人既发心为佛弟子,就要承担如来家业,将佛陀觉悟的教法传承下去。

这条路有多长? 很长很长。需要耐心、毅力,还要发愿、发心,才能鼓足勇气在如此遥远的道路上向前走。心地风光虽然现前,但要成佛还要走到终点才行,沿途十分坎坷,若没有毅力就无法跨越。

十地行,一地一地向前走,现在是第七地"远行地"。《三藏法数》云:"谓真如之境,广无边际。虽真如现前,分证则局,若尽其际,方为极到。"

承接前面的"现前地",菩萨行者已修至心境开阔,慧光照亮,真如本性现前。虽然"真如境界"现前,也看到"广无边际",但在走到修行终点之前,毕竟只是看得到边际,还无法达到每个角落。此称为"分证则局",也就是自己所能感受到的仍只有局部的境界。

"若尽其际,方为极到"。若能普遍到心灵每一寸土地,周围的范围都走遍了,每一个道理都体会到了,一切了然明白,才是极到之处,也就是远行地的终点。

释文又云:"谓七地菩萨,明修菩提分法之行,方便涉有,不舍度生,同于菩萨,证法无别真如,名远行地。"这段文字加强解释远行地会有诸多困难,唯有断除这些障碍,才能真正证得真如。

大家已经发心学佛,学佛这条路就是要度众生,不经过菩萨道无法到达佛的境界,所以要发慈悲心,这是度的工具。凡夫到佛的境地,中间是一条浩瀚的大河,如果跨越不了,就无法到佛的境界。面对广大无边的大河,我们要自渡,也要再渡他人。只是一叶孤舟,一个人乘着小船要渡过巨浪大河很危险,不如驾驶一艘大船,能载很多人共渡到彼岸,这就是菩萨道。渡河的大船,即是"六度"法,以布施、持戒、忍辱、精进、禅定、智慧六种方法渡我们过河。

除了发慈悲心,还要"修菩提分法",亦即四正勤、四如意足、四念处、五根、五力、七菩提分、八圣道分等三十七道品,用来保护、加强我们的道心,让我们遇到困难能消除障碍。

"方便涉有"的意思是,世间这么多苦难人,我们不能只是做旁观者而不动于心,因此在保持住自己道心的同时,也要进入芸芸众生群中救脱苦难,同时启发他们的道念,让他们同行菩萨道。

"不舍度生,同于菩萨",有了不舍众生的心与驰援行动,即是与佛菩萨同等的心行,所以说同于菩萨。"证法无别真如",能发挥很多方便法去度众生,但不会妨碍到自己的心;也就是能帮忙去除众生的烦恼,但是己心不会受到烦恼影响或污染,此即"证法无别真如",如此就是到达"远行地"。

第八章　不动地

一真如心,名不动地。　　　　　——《楞严经》

佛觉悟,是因为众生迷,心迷则苦难折磨不止歇,所以已觉悟的佛陀要来为众生开启迷津。相对的,既然佛陀愿意教导,众生就要受教,才不会再自我迷失,自找苦吃。

前面说"远行地",这条漫长道路,从迷到觉实在很遥远,路上又难免遭遇坎坷、障碍,我们应该一边向前走,一边断除障碍,一波一波冲破难关,就能到达目的地。

这些难关包括修行中的"魔考",可能遭人误会、嫉妒、中伤等等,有很多的障碍。碰上了,我们的心应该自在些,尚未学佛立愿之前我们或许随波逐浪,卷入烦恼漩涡里,跟着人计较、起心动念。现在既已修行,同样的烦恼现前,我们应该要想开,运用方法解决,一一去除烦恼,不要再多结来生的障碍。

十地行之八"不动地",《三藏法数》释义:"谓真如之理,既尽其际,全得其体,则真常凝静,无能动摇。"真如的道理我们已经透彻,也能身体力行,善遍到每个角落。我们的心真实常住凝静不动,无论外界如何混乱变动,即使烦恼污染波涛汹涌,我们的心境还是很宁静,志向不受动摇。

如同《无量义经》中"静寂清澄,志玄虚漠,守之不动,亿百千劫"的境界,这就是"真常凝静"。

所以佛经里说:"一真如心,名不动地。""一"就是真如一贯,净性如一。心地中现出真如本性,世间的名利对我们不再重要,若能如此,就是达到"不动地"。

不动地的境界,有人会说"那是菩萨才能达到,凡夫怎么可能!"其实人的境界同样能达到与佛菩萨同等。只要守住正确的志向,不受外面的境界影响,凡夫也一样做得到菩萨所为。从现在起,若能以善解包容化消恩怨,用知足感恩种好因缘,则不论遇到什么事情,很快都能心开意解。

第九章　善慧地

发真如用，名善慧地。　　　——《楞严经》

时间不断流逝，但是我们的道心要不断前进，这才是修行最珍贵的收获。

芸芸众生迷茫，佛陀不忍众生受苦难，所以发心来人间，救度众生免受沉沦无明欲海。佛陀的修行就像在开路，又为我们示现这条路该怎么走，即得从迷茫的凡夫地，到达觉悟的境地，那就是佛地了。

所以之前和大家分享心地发光的"焰慧地"，慧光灿烂，照亮前路，让我们安心行走这条又平坦又光明的道路。到了第八"不动地"，已经能牢牢守住凝静真如，毫无虚妄，再不会受人我是非扰动我们的心。

菩提心既不动，我们还要向前前进，那就到达十地行第九"善慧地"。《三藏法数》云："谓既得真如之体，即发妙用，凡所照了，悉是真如。"我们已经得到真如的实体,已经证实了这个境界,接着应该发挥妙用,也就是精进如一,良能推动,更加和真如贴近,就能尽情运用清净的智慧。

在日常生活中要如何分辨是与非呢?非就是错,是不对的事情,因此绝对要守住自己,不可以犯错。即使只是一点点的心念,若让错误的境界诱引过去,则一步差,千步错。因此自己要能分辨,若这是错的,千万不要动摇了自己的心;若这是对的,就要身体力行去做。

所以菩萨以无量智慧观察众生的境界,对一切是非黑白如实了知,将智慧提升到与佛同等无碍的境界,闻一千悟。

光明无碍的智慧到达佛的境地,如此即能遍说诸法,普令众生获益。佛陀的教法我们巨细靡遗地领纳,按照佛陀的教法普遍为众生说法,使苦难众生普皆获得身心利益。

二〇〇五年八月底,卡特里娜飓风重创美国新奥尔良,从那时起,美国的慈济人关怀的脚步一直没有停歇。惊世的灾难,有了警世的觉悟,慈济人捧起了爱心箱到处去劝募。另一方面,对特殊受灾个案更持续关心。

其中一对老夫妻,先生是意大利人,太太是德国人,共同在新奥尔良生活。老先生眼睛看不见,灾难之后疑心更重,害怕有人害他,所以拒绝慈济人的关心。

但是慈济人没有放弃,始终以温柔的话语去说明来意、用心沟通,以宽大的爱去接近他们,慢慢的,老人家紧闭的心门打开了一点点,半信而半疑。

慈济人赶紧拿出我给所有灾民的一封慰问信,把来自遥远台湾的不舍与关怀,一字一句读给老人家听,把我们的心意传达出来。听着听着,信还没读完,老先生已经伸出手来紧紧拉住读信的慈济人,脸上的表情非常激动,不断说着:"我相信你们了,我非常感动。"

慈济人在街头募款,同时也在灾区募心,对苦难人发挥同体大悲的精神,陪伴肤慰。将心比心,所以我们知道他的苦难,他们也能了解我们真诚的爱,这种生命共同体的牵系,就是佛陀给予我们的智慧,打破人我障碍,涌出长情大爱。

第十章　法云地

慈阴妙云,覆涅槃海,名法云地。　——《楞严经》

十地已进行到第十地,要先以两句话和大家共同勉励:"佛心不动广无边际,菩萨心慈云流动、普阴众生。"从解释十地以来,一路上描写学佛的心境,一地还要再胜过一地。现在第十地,就是要我们达到心不动,发挥了智慧又能永恒守住这念佛心。

十地行之十"法云地",《三藏法数》释文:"谓菩萨至此第十地,修行功满,唯务化利众生。大慈如云,普能阴覆,虽施作利润,而本寂不动。"

"云"飘浮在蓝天,随着风势、空气对流,云虽会移动,却无碍天空的辽阔。"法云地"是以慈云来譬喻佛菩萨的慈悲胸怀,能解除众生的烦恼、苦难,却不受凡夫境界沾染,也不给众生造成压力。内谦外让的功行已经圆满,唯一挂心的任务就是要度化利益众生。

众生有爱、有烦恼,常被八苦煎逼。佛菩萨度化众生,即是要将众生从烦恼的地方带到智慧之境。不只是度化,还要再利益众生。芸芸众生如处艳阳照射的旷野,只要慈云普被,遮荫送凉,就能解除燠热逼迫,还能看到蓝天白云优美的境界。

所以说来,佛心像蓝天,开阔无边际;菩萨的心,如慈云普覆,使人人在光明之中得到清凉,让人人解除压迫的烦恼。

"虽施作利润,而本寂不动",菩萨在芸芸群生中用心,无论周围充斥多少烦恼,菩萨的心都寂然不动。

就像父母心,爱子心切,看到孩子学坏迷失了,做父母的为了教导孩子很烦恼。菩萨视大地众生如己子,对任何人都用心教导,使他得度。调伏刚强的众生,即使一下子教不来、调伏不住,菩萨还是耐心陪伴,以爱肤慰,务使众生走回正途。而且不论何等境界现前,菩萨的心都不动摇,坚固愿力,安忍不动。此种境界即是"法云地"。

释文又云:"菩萨以无量智慧,观察觉了,三昧现前,得大法故,以法身为云,普周一切众生,具足自在,即断诸法中不得自在障,证业自在真如,是名法云地断障证真。"

菩萨已经得到佛不动地的心境,所以无量智慧显现,以焰慧观察一切众生,明明觉觉了然于心,三昧定境现前。"三昧"就是正定,心地已经不摇动,虽然外面很多的纷纷扰扰,但是内心入于禅定,什么境界都影响不了。这是"得大法故",因为十地菩萨已经得到究竟成佛的大法,只差最后的考验印证就要成佛了。

"以法身为云,普周一切众生,具足自在",使佛法如天上的云普阴大地,周遍施予一切众生,具足定力轻安自在。

"即断诸法中不得自在障",就能断除诸法之中不得自在的各种障碍。若是心能自在,自然很多恶法的障碍都能消除,所得到的都是自在的善法。

"证业自在真如",就能得证自在的真如,恢复人人的本性光明,这称为"法云地断障证真"。

学佛不离人间,在人群中不受各类烦恼影响我们的道心,坚定了道念,推动本具的良能,普覆大地众生,这样就对了!

第十一章　十地总结

每一个时刻,心总是受境转,但是修行要心心转境,这是平时要下的功夫。众生八万四千烦恼,佛陀循循善诱,为之开展八万四千法门,使之发心立愿,脚踏实地一步一步前行;而从迷茫直到觉悟的境界,则以十地风光鼓励我们向前走。

从"欢喜地"为开头,学佛第一步就是学得心宽。宽心能解万事愁,无忧愁就是欢喜。尤其最大的欢喜是得到佛法与方法。过去由于各人见解不同,爱怨情仇老是拉扯不清,现在知道方法,把心放宽,就能化解爱恨情仇的纠葛,常起欢喜心。

心不被转,而能转境,转仇为恩,转仇恨为清净爱。如此,人人都是我们最喜欢的人,事事都是我们最喜欢的事。所以第一地就是要在心地培养欢喜,时时欢喜、日日欢喜、月月欢喜、年年欢喜,这是"欢喜地"。

第二"离垢地"。垢就是烦恼杂念,妄想执著。转妄想杂念心为清净心,舍离所有烦恼,时常清净欢喜,这是"离垢地"。

第三"发光地"。人人都有与佛平等的智慧光明,凡夫之所以心地黑暗,是因为无明遮盖。

以灯火为喻,电灯一开,室内大放光明。如果开了灯,却又用黑布把灯罩住,光线就透不出来。我们学佛,尽管听了很多法,智慧也已经启动,假使不身体力行,即使佛经能倒背如流,无法和真实境界印证,还是没有用。

人身难得,法缘难结,我们要把握因缘入群处众,多结欢喜法缘,揭开人人心地遮住光明的黑布,使灯灯相照,灯灯相续无尽灯。所以发光地,除了要自度,同时也要去度人。最重要的就是点亮人人的心灯。

待心地光明启发,至第四"焰慧地",已不只是小小一盏烛光,而是无限无量的智慧光明,如阳光普照大地,不论高楼小屋,大树小草小花,同样都能得到阳光普照。焰慧地已达到光明平等,焰光普及最黑暗的角落。一切道理无不清楚,人性迷茫无不启发、改变。

第五是"难胜地"。要到达智慧开启的境界谈何容易,但是有心就不难。修行只要道心坚固,可以度过各种难关,胜任各项任务。守住菩提道不动,推动良能志不移,只要有心,人人都能发挥良能。

第六是"现前地"。通过了关关卡卡,发现眼前一片美景,无限平坦光明。智慧良能现前,是为"现前地"。

第七"远行地"。佛道遥远,要走的路很长,如何能到达?若能守住本分,承担起自己的责任,尽多少本分,就得多少本事。时间、空间虽然不断变迁,但在人与人之间若能做得圆融,事圆、人圆、理圆,人格圆满,佛格也能慢慢达成。

第八"不动地"是守住一心而不动,千万不要时间一久就生倦怠而放弃。行道者不能说累,而要殷勤精进,不断向前走,遇到任何考验,道念都不动摇。守住菩提心不动,推动道念,推动良能,这是"不动地"。

第九"善慧地",自我智慧具足,还要事事行善,才能以身作则引导人人到达善慧的境界。所以常说悲智双运,慈悲是行善,智慧是方法,两者缺一不可。

慈悲智慧平行走，能如此，就是第十"法云地"。法云地的境界就是心都不受障碍，慈悲智慧如云普覆大地。

"福从做中得欢喜"，从欢喜地、离垢地、发光地、焰慧地、难胜地，这是福，由身体力行中得到欢喜，有了欢喜心，事事不困难。现前地、远行地、不动地、善慧地、法云地，则是善解的发挥，善解就是智慧，所以"慧从善解得自在"。

天天欢喜，事事自在，困扰烦恼都已经过去了，心地污染也已经清除，光明现前。若能如此，十地具足，剩下的即是成佛的最后一道阶梯。

【等觉、妙觉篇】

大乘五十二阶位中，第五十一位，名为等觉，即十地位满，将证佛果之中间阶段，因其智慧功德，等似妙觉，故名等觉，又名一生补处，或金刚心菩萨。

——《佛学常见词汇》

佛之六行，最后是"等觉行"。等觉行分成等觉、妙觉二行。

修行至此，十信、十住、十行、十回向、十地圆满，智慧功德已等同于佛，即将证得佛果。

第一章　等觉

佛之异称。等者平等，觉者觉悟，诸佛觉悟，平等一如，故名等觉。

——《佛学大辞典》

"等觉"是佛的异称，"等"是平等，"觉"是觉悟；"诸佛觉悟，平等一如，名为等觉"。佛就是觉者，觉者是自觉、觉他、觉行圆满的人。觉行圆满是真正从实践中体会到心、佛、众生三无差别，真正体会到人人本具平等的佛性。有平等心的人，时时对人都能提起恭敬心。

觉行圆满，要靠自觉、觉他。以铺路为喻，自己现在所走的路，是前面的人所开而留给我们的道路，自己在这条路上所得的道理，即是自觉。自觉之后，就要换我们铺路给后面的人走，这是觉他。开路的整个经历，即是修行的过程。

比如很多慈济人，在得到道理之后，就赶紧再去告诉众人;而且不只是跟人说,还自己做给人看。就像加拿大慈济负责人何济亨居士,他有机会到印尼参加当地的慈济活动。他看到印尼一群大企业家都投入慈济,凝聚善的力量影响整个社会,改变了印华对立,促进社会祥和,令他非常感动。

之后他又到斯里兰卡,参与南亚海啸后慈济的援助活动。踏上那块受伤的土地,体会瞬息之间天人永隔的悲凄。看到灾后人民一无所有,一幕幕苦相现前,他体会良深,更加激发他的大悲愿心。

回到人间天堂的加拿大,他向身在高度福利社会的人现身说法。这种真实的力量很大,一次就带动了很多人发心。待到美国新奥尔良的飓风大灾,伤亡惨重。加拿大慈济人得知讯息,不仅在国内募款驰援,更进而跨国投入人力,至灾区参与关怀、赈济。济亨居士从自觉而去觉他,带领大家欢喜付出,这就是可爱的人生。

第二章　妙觉

自觉觉他,觉行圆满,智德不可思议,称为妙觉,为佛果的无上正觉,证得此觉的人,被称为佛。

——《佛学大辞典》

"自觉觉他,觉行圆满,智德不可思议,称为妙觉"。自觉,是自己体会到心地的欢喜,知道付出是福,不是苦。自觉觉他,是指能启发大家知道要缩小自己,若不缩小自己,就无法进入别人的心里。能自觉觉他,就能觉行圆满。唯有真实走过修行路的行者,才能如实体会到此一心灵境地。

"智德不可思议",智德是智慧的德相,内能自谦,外能礼让,即能展现智德。智德的妙用不可思议,运用智慧能引导人人欢喜自在的行走菩萨道,也能引导人人同登佛地,因此殊胜不可思议。这是等觉之上的"妙觉"。"证得此觉,被称为佛",也就是证成佛果。

反过来说，众生为什么不觉？凡夫为何愚痴？《大乘理趣六波罗密多经序》有言，此皆因"名利牵乎欲，巧知丧乎真，爱恶攻其性情，因缘著其染习，内则百虑无节，外则六根竞诱，天理灭而莫知，道源迷而莫返，沦溺苦海，劫尽返初"。

凡夫总是被名利欲望牵制，玩弄机智巧诈以致丧失真心。因爱恶之心而污染纯洁性情，流转因缘而沾上不良恶习。旧习气未除，又染新恶行；执著因缘，习气愈来愈重，也愈见远离真诚本性。

"内则百虑无节，外则六根竞诱"，对于自己的内心，镇日恍惚，不知所以；空思妄想，无一于人我有益。心常忧思，难以止息。内心为何常怀忧虑呢？因为"外则六根竞诱"。六根是眼、耳、鼻、舌、身、意，不断受色、声、香、味、触、法六尘诱引。六根六尘会合成六识，根尘识竞相诱引，牵扯不休，因此苦不堪言。

"天理灭而莫知，道源迷而莫返"。"天理"就是道理，仁义礼智、家庭伦理、父慈子孝等等都是好的道理。然而这些道理都消失了，因此现世称为末法。值此末法恶世，正道不住人心，凡夫却还浑然不觉。"道源迷而莫返",要回到清净本性源头的道路已经迷失了,不知道要怎么回归人人本具的清净智慧。

因此,"沦溺苦海,劫尽返初"。沉入万劫不复的轮回苦海,也就是在天、人、修罗、地狱、饿鬼、畜生五趣六道中受尽苦报。待"劫尽返初",也就是此生业报受尽后,来生还是又随业受生六道中继续受苦,往回不止,苦海无边。

如何才能了结此苦?"唯至人了万物之宗,故能开导群疑,济拔众生迷津。证得此觉,称为妙觉"。"至人"是指完人、品行至高无上的人,也就是自觉、觉他、觉行圆满的佛,才能"了万物之宗",也就是尽知世间万物一切的道理、宗旨。

"故能开导群疑,济拔众生迷津",佛证悟之后,当然能开导众生迷疑,拯救众生出脱苦海迷津。证得这般觉悟境界的人,即是位居"妙觉",也就是佛了。

学佛,虽然我们才刚开始,还是站在初发心的凡夫地,但只要方向对准,向前走,心地风光了然,对外面的境界都能清楚分明,总有一天,至人所了知的万物宗旨,我们也都能了解。

十身

　　在十住行的第八章真住的释文中，提及"佛之十身灵相"，此处藉助《三藏法数》释义来详说佛之十身。

　　佛陀来人间所现之种种身形，无不是用以启发众生一念真心，教导众生心与道会，这是佛陀来人间的智慧教育。所以佛之十身，无不都是灵相，都能启发人人的心。只要我们用心，就能"一时具足，如童真之可贵"。

　　所谓十身，是指一众生身、二国土身、三业报身、四声闻身、五独觉身、六菩萨身、七如来身、八智身、九法身、十虚空身。

　　人人都有与佛同等的智慧，有与佛同等清净的本性，只要我们心境清净，则每一时刻所面对的种种境界，无不都是佛的现身。因此佛陀十身，无处不在，只要我们能用心体会。

众生身

> 谓五蕴众共和合而生其身,即有情世间诸众生身也。

"五蕴众共和合"之时,才有众生身相,如此即是"有情世间诸众生身"。

"众生"不单指人,六道中各种身形不同的生命,都是众生。若单看人间一道,在世间所看到的生灵、物命、形体即难以计数,不同的生命体同时存在这世间。

众生身形虽然不同,但只要有生命,都离不开五蕴;因为五蕴会合,才构成生命,无论是胎生、化生、湿生或卵生,都不离此理。

五蕴是色、受、想、行、识。不只人类有五蕴,各色生灵同样五蕴具足。"色"即是形,蚂蚁有蚂蚁的形,虫有虫的形,大象有大象的形,这全都是色。"受"是感受,只要有生命,对外境都会有感受能力。比如蚂蚁虽小,它们也能感受到外界气候的变化,下大雨前蚂蚁会"搬家"。

色、受如此,想、行、识亦复如是。各类众生尽管身形不同,但都各具功能,所以不能轻视任何一种动物。动物都不能轻视了,当然更不能轻视任何一个人。

有情界的众生,都是五蕴众共和合。我们要时时用智慧来与世间会合,如此,我们的道心才能坚固。

国土身

> 谓山河大地,诸器世间,刹土身也。

山河大地,诸器世间,谓之国土身。佛陀教育我们,山河大地自有其生命。可惜现代人并不懂得保护大地,不断毁坏,导致大地伤痕累累。大地是我们的母亲,大地之母运载群生,无论是植物、动物,大地母亲都毫无怨言的为众付出。

偏偏众生不断污染它、破坏它,让大地母亲元气大伤。可叹的是,许多人居然还不懂得反省。须知大地受了污染,自身会有吸收、净化的能力;但若毁坏太过,超出大自然负荷,气候随之变得异常。

大地污染严重,无法自行净化,才导致大气空间也产生异变,衍生成温室效应。因为气候改变,全球温度持续升高,台风、飓风、水灾、火灾、旱灾变得又多又大,这都是因为四大不调,而四大不调则是来自地大不调。

因此国土身是佛陀在教育我们,山河大地诸器世间自有其生命,我们一定要懂得尊重自然,爱护自然。

老一辈的人都会说:"山有山神,树有树神,水也有水公水婆。"从前的人总是敬天畏地。要将排泄物倾倒到沟里时,嘴里都会念着:"感恩水公水婆,感恩啊!"但是现代人却将有毒的污染物随意倾倒,缺少了敬畏天地的心念,任意毁伤大自然。

我们应该重新将老一辈人那分敬天畏地的心、那分感恩的心,重新用在生活中。如此,天地才会风调雨顺,大地万物才能平安幸福过日子。

业报身

谓烦恼为因,所感业报身也。

万般带不去,唯有业随身,众生无不都是乘业报生人间。此生不论你是男是女,身形是高是矮,是否五官端正、四肢健全,一切都和自己过去生的业有关。若用现代医学来说明,人的身形种种,是由基因遗传而来;但佛陀所说明的业报观,远比遗传的说法更为深广。

自己在过去生中曾经造什么业,结了什么缘,因而此生与哪对父母有缘,应报生于何地,这一切都由不得自己,纯由业力而来。

慈济医院曾有好几宗结合慈善的跨国医疗个案,其中一件是来自菲律宾的小男孩——杰博,他罹患水脑、兔唇、四肢畸形等多重障碍,一岁十个月大时由慈济人跨海接力,来到大林慈院接受治疗。

当他出生时，接生的医护人员都吓了一大跳，颜面只是一个大窟窿，眼睛、鼻、嘴都挤在一起。医师预估孩子活不过七天，然而孩子生命力强盛，竟然活下来了。直到慈济人与他们一家有了爱的会合，补助各类款项，陪伴来台就医。

这是基因问题吗？还是他的业报身呢？除了他自身的"正报"，还有他依附环境的"依报"。杰博出生在贫困家庭，爸爸有心脏病，只能做些临时小工，家庭主要依靠妈妈帮人修指甲来维持家计。所以这个孩子一生下来就是残而贫，这是他此生的业报身。

所谓"依报"就是依缘而来。出生在好人家或好环境，是福的依报；若出生在不好环境中，就是苦的依报。但这种依父母而来的福缘，并不可靠，最可靠的是自己的正业，也就是"正报"。

未必出生在富有人家的孩子，就保证一生享福；出生在贫困家庭的孩子，也未必终生穷苦。正报若强，即使是在贫穷家庭中成长，但是因为努力工作，身心健康，也有机会成为成功的人。

业报身可怕，因为业报身是"烦恼为因，所感业

十身

185

报"。因此我们要很庆幸，庆幸自己四肢健全、思想健康，不仅能得人身，还能得闻佛法，甚至能在菩萨道场中身体力行，所以应该时时说感恩。

不仅要懂得感恩，更要注重因果，因为因果可畏。来世与哪对父母有缘？亲子缘如何？端视此生与人是结善缘或恶缘而定。来生是出生在贫困或富裕的家庭中，就看你此生有无造福。因此来生是受苦或享乐，剧本在此生就已完成，来生只是上台按照此生的剧本演出而已。所以来生业报身如何，全看此生如何作为。

声闻身

谓闻佛声教，悟真谛理，所证声闻身也。

声闻者是有福人，因为知道佛法难闻，所以能在与佛同世时，就出家随佛修行，专心一致听闻佛法。对于佛陀的教法，可能一闻一悟，或是一闻十悟，甚至一闻千悟，总而言之，就是很用心。声闻者不仅尊重佛陀,也尊重教法,因此能从佛陀的说法音声中启发自身的慧命,所以说"声闻身"就是"闻佛声教,悟真谛理",而能证得声闻身。

既然有幸听闻佛法,就应该好好用心,紧紧铭记在心版上。由声而悟,从教法中用心修行,在生活中信奉受教,如此才能觉悟。不然,即使与佛同世,仍是沉迷。所以闻法听话,一定要多用心。

独觉身

谓出无佛之世,独宿孤峰,观物变化,无师自悟,所证独觉身也。

独觉出现于无佛之世,无师自悟。人有二十难的其中一难,是"生值佛世难",因此要与佛同世,可谓百千万劫难遇。佛法从佛口说出,在佛入灭之后,由声教流传;但当末法之后,再无传法之人,佛法是否就断灭了呢?倒也不是。因为道理自在人心,只要有人能静心,"独宿孤峰",也就是在清静无扰之地用心思考,真理仍会显现。

记得曾看过一本记载修行者的书籍。有一位行者的修行方法，是坐在高山悬崖边一块突出的石头上。这块石头悬在半空，一半在悬崖外面，坐在石头上只要有风吹动，石头就会摇晃，所以他必定要谨慎调伏身心，才能保持专注平衡。

刚开始心里虽然也害怕，但是他抱持着必死的心求法，所以很快就练出定性、耐力、细心，也能观照到自身非常微细的觉悟。

有一回坐累了，闭起眼睛不知不觉睡着了，忽然间石头似乎坠落下去。惊恐间，感觉有护法神托住他。醒过来后，他心中不禁得意，因为自己用功得当，才有护法神在他身边守护。他又继续打坐用功，结果不小心又打瞌睡。这时，听到护法神呵责他："有一次，不会给你第二次，更没有第三次的机会！"他一下子完全清醒了。

这是过去一位修行者的经历。修行的心，必定时时要提高警觉。悟是自悟，觉是自觉，虽然慧命永恒，但生命不会重来；而我们必须要藉着生命，才能体悟真理,才能成长慧命。

独觉不仅是生在无佛之世,甚至连佛法也无人流传了,因此他要靠一己之力去观天地四季轮转,从中悟得真理。因此我们应该庆幸,有因缘出生在佛法还留住人间的时期。佛陀留下来的教法,经过历代祖师大德汇整编辑,将佛法流传给我们,因此应该要珍惜,用心思考要用什么方式来深入经藏。

修行无法代替,佛陀色身虽然不在,但是佛法还在。听从师尊的教导,尊重道理,力行于日常生活中,如此,就有觉悟的可能。心若觉,也是独自觉悟,这也可以说是独觉。

独觉者观四时轮替、看万物荣枯、藉境界修心,而体会无常之理。无常人生,一切苦空。既知万物无常,就能明白人的感受亦是空、亦是苦。看不开的人,日日苦不堪言;有觉悟的人,时时都能跳脱这分苦。

要有独觉的体悟,未必要观四季轮替,其实每天都能体悟。地球一天二十四小时,分分秒秒都在转动,都在宣说无常之理,只要我们分秒不空过,就能分分秒秒都在觉悟中。

菩萨身

谓菩萨于有情众生之中,既自觉悟,亦能觉他,有
情所证菩萨身也。

我们发心修行,就是想成佛。但是要成佛,一定
要行菩萨道,唯有经过菩萨道才能接近佛的境界。菩
萨全名是"菩提萨埵",简称菩萨,意思是觉有情,也就
是觉有情的人,或是觉悟的众生。

佛陀的教法,是要我们走入人群,在有情中体会,
而不只是独善其身。有情指的是众生,并不是专指
人,一切生灵都属有情。即使是动物,也会有一念爱
心存在;这一念爱心,就是觉性。

人既然自称是万物之灵,觉悟应该比其他动物
高。其他动物有爱说不出口,有苦也叫不出来,我们
既然是人,就要去体会。因此人怎么忍心食用众生
肉? 怎么忍心不尊重动物? 如果连对动物都尊重了,

对人又哪会不尊重！

佛陀教育我们要尊师重道、感恩父母、友爱兄弟，还教导我们要打开心胸，视天下人都是和我们共生同住的一家人。教导我们要将爱一直扩大到普天之下，没有人不是我所爱的，没有人不是我所尊重的。因此觉悟的有情必须将小爱扩大，大到心包太虚，量周沙界，这就是我们能在人群中体会的真理。

所以说人间好修行，菩萨心不离开人群。唯有投入人群，才能成就觉悟的有情；而觉悟的有情，就是"菩萨身"。菩萨同样在人群中生活，同样会拥有一切，也同样会失去一切。拥有的时候，他懂得付出；失去的时候，他的心能跳脱，不会被得失之苦所捆绑。

菩萨的心行，是我们学习的典范。

如来身

谓乘如实道，来成正觉，为如来身也。

释迦牟尼佛二千多年前出生于印度，八十岁时入灭。现在是否佛已不在人间？不对。释迦佛还是娑婆世界的本师佛，因此佛还是在人间。不但他的法留在人间，他的身体也是来回于娑婆世界，不断乘愿再来。每一回来人间，都带着人间的真理到人群中，不仅用口传教，也身体力行来教育，这就是"乘如实道"。

佛来人间，每次都自己现身修行，以身教和大家共住同修，此为"同事度"。不但用爱语教人，也用身行影响人。因为自己修，同时也带人修，这就是"乘如实道，来成正觉"，也是如来的法身。

"法"，指的是真如的教法。"真如"就是真诚如一。我们用真与诚的心，将如来的真理用在日常生活中，如一贯彻，就称为真如。"如来"，是人人本具清净本性的真道理。若听法后能善加运用，则人人都是如来的实道；能在人群中身体力行，有所体会再教育出去，这就是成正觉。

所以"如来身"，不是指二千多年前的释迦牟尼佛，而是指佛所体现、教示的精神和道理。若能将佛的真理实道，用在你我的精神和身行上，相互教育，凡此都可称为如来身。因此"如来身"，你有、我有、大家都有,因为人人都有与佛同等的清净本性,只要我们的心不受污染。

一念如来清净的本性,在时间、空间、人与人之间,毫不偏差的成正觉,这就称为如来身。

智身

谓智慧圆明,一切诸法,皆能决了,为智慧身也。

人人有与佛同等清净的本性,因此智慧一定圆明。将如来的真实道应用于生活,智慧就展现在待人处事中。因为能很圆满、很明了的做出决定,所以说是"智慧圆明"。

"一切诸法"的"诸法"指的是世间法和出世间法。世间法不离日常生活、不离人事物;若是出世间法,则是超脱的道理。何谓超脱的道理?人在世间,不论亲属或伴侣,难免有病苦或死别的苦难,此时如何跳脱呢?就是要用真理。平时若能多了解大自然的法则,明白"缘聚则同住,缘散即分离"的道理,即使生死课题近在眼前,也能看开想透。

我想起有一个慈济家庭,让我很安心。这位慈诚住在彰化,罹患鼻咽癌。有一次我去大林慈院,他也因病住院中,我看到他就说:"身体有病,要和医师配合;但是假如大自然的法则到来时,也要用开阔的心情、很自然的形态去接受,知道吗?"他脸上带着笑容,一边回答他知道了。

一段时间后他安详往生。因为他的心愿是捐大体,所以家人包括太太、儿女、女婿,连夜将他送回花莲慈济大学。捐赠诸事完毕后,这一家人来精舍和我见面。全家人看起来都非常安详,没有生离死别的纠结心情和难以割舍的神情。虽然看得出有不舍,但是每个人脸上都有一分祝福。

谈话之间,女儿说:"我一定要向师公说感恩!"她说她爸爸未踏入慈济之前,脾气很坏;但进入慈济后,性情完全改变,变成很好的爸爸。多年来,他们的家庭一直很和睦。尤其在人生的最后,爸爸很安详,所以家人们也都很心安。

听到女儿的分享,我感觉很安心。因为人在此生所养成的行为，都会带到来生，成为来生的习惯。因此平时明白道理之后，能赶紧将不好的习惯改过来，甚至养成好的习惯，这都是自己来生的资粮。

在人间，处众共事，因为人人习气不同，所以各人有各人的角度，各人有各人的执著，各人有各人的习惯，我们要如何改变人人不同的习惯、圆满争执，这就要用智慧，将之变成一个圆满的道理去施行。这也需要平时就用道理来对众熏陶，共识才能凝聚，争执才能圆满。

学佛，人生以外，无佛可学。要改变习气，除了现在做人时可改变外，没有其他时间可改变，所以我们要好好把握今生此世。想要真正入理体悟，开启智慧，一定要投身在人群中。在人群中待人处事，要有十分明朗的智慧，才能下决心。若能做到人圆、事圆，道理就圆；道理能圆，也就是智慧圆明。

如何才能见到道理呢？佛在《四十二章经》中教我们："当舍爱欲，爱欲垢尽，道可见矣。"若要净心，首要之务是将爱欲去除。爱欲就是我执我见，但是世间一切有形物质，有什么可让人执著之处？若用心观察,会发现分析到最后,万法归空,什么都没有。既然什么都没有,还有什么可爱欲的呢?因此爱欲当舍。"爱欲垢尽"后,将爱欲的无明尽除了,"道可见矣",就能见到真如实相的道理。

"真如实相"的"真",就是真诚、一如贯彻。既然发心学道,就要"真诚一如贯彻"的走在菩萨道上。所谓"智慧圆明",就是世间事——无论是物质或是亲爱的人,都没有可障碍我们的,也没有可以让我们挂碍的。

其实,真正的爱是能让对方改变过去的无明习气,这才是真爱。这一生既然有缘在一起,就要帮助他改掉许多无明习气,愿他来生能明明觉觉再来人生,这才是真爱。世人都谈爱,希望大家爱就要爱在真道。

道是一条大直道,所以不必用很复杂的心说要如何求道。其实道就在我们眼前、在我们脚底、在我们身边、在我们口中,只要心能会理,无处不是真道。

法身

谓所证无漏法界之体,而为法身也。

"所证无漏法界之体"，就是法身。"法"，是给修行者的一种证明。无漏就是无污染烦恼，无漏也是遍满法界。本心原本清净，若没有烦恼，就是遍法界，此名法身。

　　"万法归一，真如无染"，这是佛陀为我们所说的法。我们若能体悟，则知尽虚空、遍法界，无不都是法身，无不都在说法启发我们。即使身处现世，亦如同佛世。从《六度集经》中可知，佛陀在不同时间，不断现各种身形，只为了让众生体会世间真理。其中有一则故事——

　　过去有一位国王，为了要强盛国家的武力，遂贴出告示，要将富人的财产充公。因为国库充足了，才能打造武器，加强国力。命令一发出，国中富有人家都慌乱起来。

　　有一天，轮到其中一位长者到国王面前进行财产转移登记。这位长者将他的财产，不论是现金或房屋土地，全都抄写在登记簿上，呈给国王并说："我自己的钱都在这里，请您过目。"

　　国王翻开一看，只有三千万。因此生气的说："你家财万贯,竟然欺骗我只有三千万!"

长者回答:"国王,这三千万是我私人的钱,我能自由花用。这些钱是我平时救济贫困、供养三宝、安定贤士生活、奖掖研究的费用。"

国王问:"难道你的事业和生意,不是你的财产吗?"

长者回答:"那些虽然目前是我名下财产,但实际上是五家共有。"

国王不解:"何谓五家共有?"

长者说明:"五家就是火、水、盗贼、政府、子孙。水火无情,一旦发生天灾,所有财产可能全部破灭。有钱容易引来强盗窃贼,抢夺或偷取财物。或者,如果遇到国王命令将所有财产收归国有,那些个人财产就变成政府的了。最后,若是子孙不肖,很快会将产业挥霍一尽,财产还是保存不住。因为财产是此五家共有,所以我不敢将这些财产当作是我的。"

听了长者的分析,国王启悟很深,不但马上取消不当的命令,还将富人已经缴入国库的钱悉数退回。并以长者的观念去教育人民,鼓励民众将有余的财富用在利益人群上。

故事中的长者,因为已经觉悟财产是五家共有,因此不论何时五家中的任何一家要来耗损他的财产,他都没有挂碍,这就是无漏。若人人都能知道,世间本无一物,就不会心生计较;心不计较,就没烦恼,这就是无漏法界。若是有,就用于利益人群;若是没有,也不起烦恼,一样尽本分过日子。这是佛陀对我们的说法,所以名为法身。

虚空身

谓非众生国土诸有量身,乃是无名无相之虚空身也。

虚空就是无一物。"非众生国土诸有量身",意指没有众生、没有国家、没有界线,没有各种形相有量之物;因为无形无量、无名无相,故称虚空。

万法归于空。世间万物,无不是众缘会合。若将物体逐一分析,分析至终,定是归零,这就是世间法。

以木桌为喻，木桌是名相，是由木材和合而成。再来探究木材，木材从树而来，树生长于大地。树是概称，若再细分，尚有各种不同名称。比如桧木和柚木，名称不同，树种也不同。

从树再往回探究，树是来自种子。种子需要种在土里，还要阳光、空气、水分，才能成长为大树。不论是种子、阳光、空气、水分、土壤，都可再分析为更多细项物质，亦即可再衍生许多名相出来。这许多名相、物质，若再一一剖析，分析到最后就是空。

人生若能认清"空"的道理，就不会执著世事；心不执著，就无挂碍；无挂碍故，无有恐怖，远离颠倒梦想。

学佛，无非就是要透彻道理，智慧才会开启。但世人往往无法透彻空的道理，才会有漏烦恼常在心中，造业作恶，苦不堪言。所以请大家要时时多用心！

图书在版编目(CIP)数据

凡人可成佛:菩萨五十二位阶讲记/释证严讲述.—上海:复旦大学出版社,
2010.7(2024.5 重印)
(证严上人作品系列)
ISBN 978-7-309-07268-6

Ⅰ.凡… Ⅱ.证… Ⅲ.佛教-通俗读物 Ⅳ.B94-49

中国版本图书馆 CIP 数据核字(2010)第 085593 号

原版权所有者:静思人文志业股份有限公司授权复旦大学出版社出版发行简体字版

慈济全球信息网:http://www.tzuchi.org.tw/
台湾静思书轩:http://www.jingsi.com.tw/
苏州静思书轩:http://www.jingsi.js.cn/

凡人可成佛:菩萨五十二位阶讲记
释证严　讲述
责任编辑/邵　丹

复旦大学出版社有限公司出版发行
上海市国权路 579 号　邮编:200433
网址:fupnet@fudanpress.com　http://www.fudanpress.com
门市零售:86-21-65102580　团体订购:86-21-65104505
出版部电话:86-21-65642845
上海崇明裕安印刷厂

开本 890 毫米×1240 毫米　1/32　印张 7　字数 99 千字
2024 年 5 月第 1 版第 4 次印刷

ISBN 978-7-309-07268-6/B·347
定价:26.00 元